做独立思考的教师

Be a Teacher Who
Thinks Independently

的教师

夏昆 著

湖南人民出版社·长沙

图书在版编目（CIP）数据

做独立思考的教师 / 夏昆著. —长沙：湖南人民出版社，2022.4（2022.10）
ISBN 978−7−5561−2888−4

I. ①做⋯ II. ①夏⋯ III. ①中学语文课—教学研究—文集 IV. ①G633.302-53

中国版本图书馆CIP数据核字（2022）第025157号

做独立思考的教师
ZUO DULI SIKAO DE JIAOSHI

著　　者：夏　昆
出版统筹：陈　实
监　　制：傅钦伟
产品经理：姚忠林
责任编辑：田　野
责任校对：陈卫平
特邀编辑：张　靓
封面设计：扁　舟

出版发行：湖南人民出版社［http://www.hnppp.com］
地　　址：长沙市营盘东路3号　　邮　　编：410005　　电　　话：0731-82683357

印　　刷：长沙超峰印刷有限公司
版　　次：2022年4月第1版　　　　　　　　印　　次：2022年10月第2次印刷
开　　本：880 mm × 1230 mm　1/32　　　印　　张：7.125
字　　数：170千字
书　　号：ISBN 978-7-5561-2888-4
定　　价：52.00元

营销电话：0731-82683348（如发现印装质量问题请与出版社调换）

钱理群：
"莫斯科不相信眼泪"

读夏昆老师的教育随笔，首先注意到的自然是字里行间无处不在的调侃与幽默，用夏昆老师自己的话来说，就是"刁民"尖刻的眼光和尖刻的语言。

我更注目与关心的，是其背后的不可多得的清醒与独立。这其实是夏老师自己所强调的："保持清醒和独立是我的生命，也是我的骄傲。"

在我看来，最能体现夏昆老师的清醒和独立，也是最引起我共鸣的，是他的两个观点："别人觉得最正常的东西往往是最值得思考的"，"每一种思潮都有其内在的合理性，但也存在其学术上的致命伤"。前者说的是一种"于不可疑处生疑"的怀疑主义的思维方式，后者则涉及如何看待与对待"时代思潮（思想、文化、学术、教育思潮）"的问题。这也是我曾经关注过的，并有过一个论述，故抄录于下，算是对夏昆老师的观点的一个阐释和发挥吧——

"在学术发展过程中，某种学术观点与方法的追求得到相当一部分人的响应，就往往形成一种学术潮流。对此是应该做具体分析的：有的是出于政治、商业的目的的炒作，名曰'学术新潮'，不过是'学术泡沫'，能否识别并进行抵制，这对学者的学术眼光与学术良知都是一个考验。但更多的学术潮流是出于严肃的学术追求，一般说来，能够成为潮流，自然有其历史的合理性，而且往往会在某一方面对现有研究格局有所突破，但同时也就必然会有所遮蔽，或者说会形成某种陷阱。对于一个学者，能否既从这样的学术新潮中吸取新的创造力和想象力，以丰富和发展自己的研究，同时又能够对其可能产生的遮蔽、盲点与问题有所警惕，保持某种清醒，既不盲目拒斥，又不盲目跟风，这是需要学术判断力、逆向思维的能力与学术独立自主性的。这恰恰是我们许多研究者所欠缺的，因此常常为各种潮流（如前文所说，其中有许多不过是'泡沫'而已）所眩惑，陷入了盲目性。"

我讨论的是学术研究的新思潮，夏昆老师面对的是教育新思潮，我们的态度和立场却是这样的一致，这大概是"心有灵犀一点通"吧。

正如夏昆老师所说，这些年教育新潮可谓多矣。他随便列举，就有教育经济主义、教育科技主义、教育个性化、爱心教育、民主教育、成功教育、互动教育、学生主体论……还有层出不穷的"教育关键词"，诸如"平等""敬业""师德""义务""新课标""改革"等。夏昆老师并不否认这些教育新潮流、新观念、新概念的提出是针对教育的许多弊端、问题的，因而其本身是具有一定合理性的。我们从夏昆老师自己的教学实践，特别是班主任工作的实践中，都可以看出他是从这些新潮流、新观念中汲取了不少滋养。也许在别人眼里，夏昆老师就是一位教育新潮中的人物。这都是没有问题的。

夏昆老师的独特处，就在于他身处潮流中却保持着清醒。特别是当一些新潮流的鼓动者将这些合理性绝对化，推向极端，甚至成为某些地方的"教育改革目标、方向"，进而弄得一线老师无所适从时，夏昆老师就开始质疑，并慨然宣布："我不相信"——

我不相信某个名师的方法可以放之四海而皆准；

我不相信某个被人推崇的理论完美得无懈可击；

我不相信某个潮流就可以代表教育的终极目标；

…………

由此想起了一部苏联电影的名字：《莫斯科不相信眼泪》。夏昆老师却自我调侃说："这是蜀犬吠日。"在我看来，这是一次新的思想解放：从非此即彼、非白即黑的二元对立思维和将具有相对合理性的思想终结化的绝对主义思维束缚下解放出来。

夏昆老师说，要"警惕地保持着自己的距离"。保持距离，如前所说，并不是保守，拒绝汲取新养料，而是要保持自己的独立理性判断力和独立自主性。在实际生活中，盲目跟风成了普遍的选择，一定程度上造成了教育的混乱，产生了严重的后果。而一些新思潮本身也因此变质，出现了"播下的是龙种，却收获了跳蚤"的悲剧。

但这样的质疑和反思，是很容易被视为虚无主义的。据夏昆老师所说，也确实有朋友向他提出这样的忠告，这也可以说是怀疑主义思维所要警惕的一个陷阱吧。

于是，我注意到，并且要强调：夏昆老师和他的朋友，不仅有基于独立思考的"我不相信"，更有基于教育信念的"我要坚守"。而且这样的坚守，并不完全体现在或不主要体现在他们的理论宣言上，而是渗透于具体的教育实践中的。这是一群极具教育活力、创造力、"永远都走在路上"的教育行动者，他们把自己的教育信念、理念化作日常教育伦理和实践，又反过来用自己实践的成功，来证明、发展自己的教育信念和理念，为实现自己的教育理想和孩子们的健康发展寻找一个空间。

在这个意义上，本书大量收入的班主任工作随笔，也许是更值得注意的。这都是一个个具体生动的教育故事,很少理论分析,却有着更为丰富的内涵,不同的读者都可以从中找到自己的阐释空间,得到不同的启示。我所关注的,是这些教育行为背后的教育理念和实践逻辑。

应该说,夏昆老师和他的朋友的教育活动,与所有的任课老师和班主任老师一样,都是十分琐细的,面对的是一个个具体的学生,一个个具体的教育问题和事件,而且大多数都是突发的,无法预计和做准备,而要作出即刻反应的。这样,就要求他们必须把自己的教育理想、信念、观念,内化为近乎生命本能的东西。在我看来,体现在夏昆老师和他的朋友身上的这样的教育本能,主要是三大教育底线:一是培养能自省的觉醒了的公民,而不是顺民;二是以对生命的敬畏来对待学生,同时教育学生尊重他人的生命;三是带着自己独特的生命形式进入教育。

而教育实践,它是自有一套逻辑的。夏昆老师说得很好:"我不愿意做这样的老师——认为教育可以替代一切,认为自己可以做到所有。我会承认:有很多我没有教好的学生,更有很多我教不好的学生。个人的力量总是很微弱的,只要我无愧于心,就可以坦然面对了。"也就是说,我们既要坚持自己的教育原则和独立性,又要有清醒的自我限度意识,既要保持自我主体性,又要保持自我调节的功能。这就意味着,如果说思想者强调的是理想,实践者就更要注意现实条件；思想者要求彻底，实践者就不能拒绝妥协。

由此产生的，是教育实践者必须具备的品质：除了懂得必要的妥协并善于掌握妥协的"度"（过与不及都不行）外，还特别需要有教育的智慧，以及坚持不懈、"慢而不息"的韧性精神。我在夏昆老师关于"我的孩子们"的班主任随笔里所感受的，就是这样的以教育思想者为底气的教育实践者的可贵品质和精神。

这样，我们也就终于明白：贯穿本书的调侃、幽默，包括所谓"刁民"的尖刻，都是一种教育智慧，是鲁迅所倡导的韧性战斗：自己择定一个目标来履行，"与其不饮不食地履行七日或痛哭流涕地履行一月，倒不如也看书也履行至五年，或者也看戏也履行至十年，或者也寻异性朋友也履行至五十年，或者也讲情话也履行至一百年"。

中国的立志教育改革的思想者、实践者们，做好这样的履行五年、十年、五十年、一百年的准备，并拥有足够的教育智慧了吗？

生命如河，
我自有船桨

我从来不认为自己是个热爱教育的人。

高中时，我走过一段弯路，能上大学算是意外惊喜。高中毕业时，我阴差阳错地填报了师范专业。进入大学后，经过一段时间的学习，我对教师这个职业也慢慢有了一些了解。

大学毕业，我被分配到了峨眉山脚下的一所中学。当时我只教一个班，也不需要补课，于是晚上我还可以骑车到城里组个乐队。教的课文也是很熟悉的，不用花多少时间，和大多数学校一样，我们的教研活动实际上就是玩的活动，最多就是组长把杂志上的文章拿来念一下。

就是在那时候，我听说了布卢姆、罗森塔尔、皮革马利翁等名字，还有启发式教学、精讲精练等术语。记得有一次我上公共课，被批评了很久，原因是课堂上没有安排练习。在那个年代，如果上课不向学生提几个问题是很不时髦的，不做题就更不时髦了。因为学校没有什么升学压力，学生数量与日递减，终于在1996年，学校变成了职业高中。

1997年一个阴冷的早晨，我离开了这所学校，被调到另一所学校。这才终于开始真正走进教育了。

到了新的学校，我被任命为班主任，这是我从教以来第一次当班主任，而且带的是全校最难缠的一个班。当时有一位老教师给全校所有的语文老师排了名次，我排倒数第二。生存的困境迫使我开始关注教学，更准确地说是关注考试。在与学生斗智斗勇两年多以后，我终于成功地让他们毕业了。这之后，我与学校多次协商，才接手了一个相对较好的班。三年后，我教的班在高考中大获全胜，我也成了学校知名的老师，以前的排名自然也被颠覆了。短暂的成就感过去之后，随之而来的是深深的迷茫——难道这就是教育？这就是教学？

学校的生活总是按部就班，但是也就在这所学校，我有了两个重要的相遇，它们直接改变了我以后的职业生涯。

第一个相遇是有幸遇到了何瑞基老师。在和他的交往中，老先生给了我两点建议：第一，钻研考试；第二，阅读《二十四史》。听了老先生的建议之后，除了上班时间认真研究历年高考试卷之外，业余时间我坚持阅读，做了十余万字的读书笔记。

第二个相遇，就是结识了网络论坛。我听说了"课件"这个词，在听说这个词以前，我一直很神圣地把它称作"教学软件"，于是我第一次使用了搜索引擎，结果就撞进了老狼的中学语文教学资源网，又在老狼的介绍下，撞进了 BBS。

应该感谢网络，让我在那个大山里面仍然能够看到外面的世界，甚至走入外面的世界，更让我检讨自己的生活方式。这时我开始怀疑，我是否真的厌恶教育？或者只是厌恶某种教育？难道我也算是热爱教育的人中间的一员？

2004 年，我带的学生毕业了。放假之前，中学语文教学资源网的几个朋友在网上相约一起到杭州去听课。在我以前待的那个学校，这种机会是没有的，所以我几乎是毫不犹豫地决定去了，一来是为了学习，二来也是散心。

然而当我听完课回到学校后，我就产生了离开的心思。

历经十年的磨炼，我从一个懵懵懂懂的见习生成长为一个当地比较有名气的老师时，我感受到的迷茫是大于自豪的，也许这该归功于网络。因为是网络使我知道了朱永新、李镇西等名字，结识了铁皮鼓、毓君等朋友。他们与我在大山深处见到的专家和老师们太不一样了。后来在网上铁皮鼓告诉我，李镇西到盐外（盐道街外语学校）当副校长了，当时资源网的一个很好的朋友也说要到盐外，同时资源网的总版主毓君也已经放弃了自己公立学校的教师身份，先行一步到了盐外。于是，我决定，到盐外去当老师。

我在盐外的变化，远非一两句话能说清楚。但是每一次的讲课和听课，特别是听课之后硝烟弥漫的评课，是我们任何人在以前都未曾体验过的。在尊重的前提下，我们对任何人都没有保留，毫无隐讳地提出自己的观点。

记得在毓君的一次公开课之后，我与李老师就发生了很激烈的争吵。但是我明白，有些争吵其实只是因为个性不同、知识结构不同而让我们在看问题的角度上产生了差异。无论如何，人生中能有这样可以争吵的朋友，是一件很幸福的事情。

而更重要的是，在跟孩子们交往的过程中，我更坚定了关于教育的很多观念，如尊重，如爱心，如民主，还有美。

盐外尽可能地给我提供了宽松的条件和广大的舞台。李镇西老师和果丹皮校长对我的关心更是让我永生难忘。

与此同时，新都教育局正在进行招聘活动，在朋友的介绍下，我也去报了名。选择新都，最重要的原因就是为了孩子的教育问题。

从教多年后，我越来越感到自己无法理解教育，无法把握教育。在盐外的时候，李镇西、铁皮鼓诸君多次善意地提醒我要"转变观念"，我总是"怙恶不悛"地反问一句："为什么要转变？"在我的眼里，别人觉得最正常的东西往往是最值得思考的。保持清醒和独立是我的生命，也是我的骄傲。

　　也许，教育真的不是我的梦想，如果一定要给我一个梦想的话，我想我的梦想应该是音乐。在我的电脑里面，存有两种音乐：一种是古典音乐，莫扎特、贝多芬、德沃夏克、柴可夫斯基之类；另一种是摇滚，唐朝、黑豹、窦唯、张楚之流。古典音乐是我的魂，让我相信这世界还有真善美，让我感觉应该与平庸保持一定的距离，去追求一种更纯粹、更高尚的生活；摇滚乐是我的血，怀疑和反叛是我的信条，冷嘲热讽和游戏调侃是我的武器，失真效果器和嘶哑的嗓子是我抗拒的方式。于是我情愿做一个光着膀子挎着吉他的流浪者，也不想成为一个身着燕尾服喷着古龙香水的银行家。

　　毓君曾不止一次地指责我陷入虚无主义的泥潭，初雪霁发现我并没有她想象的那么高大，李玉龙常常痛心疾首于我的玩物丧志，干干到最后发觉实在没有跟我交流的可能，铁皮鼓用他一贯的君子之风表现出对我的包容，可是我还是一意孤行，没有买任何朋友的账。

　　因为，我不相信。

　　我不相信分数是学生的一切；

我不相信教育的本质只是为了考试；

我不相信某个名师的方法可以放之四海而皆准；

我不相信某个被人推崇的理论完美得无懈可击；

我不相信一个没有个性的人可以成为一个优秀的老师；

我不相信爱心可以代替一切；

我不相信某个潮流就可以代表教育的终极目标；

…………

我出生在蜀地，出生时正值隆冬。冬季蜀地少日，故蜀犬见日必吠之。我想，我就是那只吠日的蜀犬，在懒散中保持自己冷嘲热讽和调侃的权利，这是失去，也是获得。因为，我愿意以一个不妥协的倔强面目出现在讲台上，因为我相信，只有真实，才能有真正的教育，唯有真诚，才能激发出教师内在的火花，点亮学生的瞳孔。

目录

第一辑 换一种风格 教书

我不愿做这样的老师 / 003

"不会唱歌的吉他手不是好老师" / 006

读万卷书也要教万里路 / 013

第二辑 换一种心态 育人

做"坏小子"的引路人 / 035

当普通老师遇见天才学生 / 048

成长到底意味着什么？ / 060

什么是真正的尊重？ / 063

请敢于"出风头" / 066

知耻而后勇 / 070

崇尚个性与强调沟通并不矛盾 / 075

巧妙的说服远胜于枯燥的说教 / 089

惩罚真的有用吗？ / 096

教育的真正目的 / 103

选举与公民教育 / 109

孩子们，我想对你们说 / 117

第三辑　换一种思维
探索

语文教师的教学自信从哪里来？ / 123

学习是手段还是目的？ / 139

我从《王忠嗣传》里看到的"人" / 143

第四辑　换一种方式
讲课

吾亦与点也——什么才是正确的人生观？ / 149

《晏子辞千金》课堂实录及课评 / 153

《庐山谣寄卢侍御虚舟》鉴赏课堂实录 / 186

《窦娥冤》课堂实录 / 203

第一辑

**换一种风格
教书**

我不愿做这样的老师

　　我不愿意做这样的老师——认为学生的成绩就是学生的一切。我会告诉他们，人生其实很长，每个阶段的要求都不一样，即使现在成绩不好，但只要你能好好做人，你就会获得很多。

　　我不愿意做这样的老师——学生没有按照自己的意图办，就"恨铁不成钢"。我会告诉自己：铁就是铁，为什么一定要把它变成钢？除了钢和铁之外，还有金、银、铜、锡、铅，只要他们能活出自己的精彩，这世界就会精彩。

　　我不愿意做这样的老师——除了教材教参之外几乎不看别的书，除了上班上课之外几乎找不到其他的事情做。我会告诉自己，想学写诗的人，诗歌之外的功夫其实更重要。我还会告诉自己，世界其实很精彩，不要让自己的世界变成灰色。

我不愿意做这样的老师——把教材当成真理的代表，更不允许学生对课本提出疑问。

我不愿意做这样的老师——老师的观点全然正确。当学生在课堂上当面指出我的错误时，我会当着所有学生的面向他表示感谢，然后下课之后告诉他，不是每个人或者每个老师都能接受他的做法，所以以后要慎重一些，但是我仍然十分感谢他。

我不愿意做这样的老师——不顾一切地占用学生的时间，恨不得他们睡觉都梦到上我的课。我会告诉自己，不管是在时间还是在空间上，我教的专业对于学生来说都只是很小的一个部分，他们需要的是整个世界，我应该给他们开一扇窗户。

我不愿意做这样的老师——认为教育可以替代一切，认为自己可以做到所有。我会承认：有很多我没有教好的学生，更有很多我教不好的学生。个人的力量总是很微弱的，只要我无愧于心，就可以坦然面对了。

我不愿意做这样的老师——需要传达某些不合理的要求时，违心地替这些不公平做解释。我会如实地告诉学生，我抗争过，但是我的力量很有限。我还会告诉他们，生活中有很多的不公和无奈，但是我们仍然要尽量去做个好人。

我不愿意做这样的老师——把老师看作"奉献"的代名词。我知道我的工作需要付出爱和努力，但是教师的工作本质上与其他的工作并无不同。我只是一个普通的劳动者，我也要挣钱吃饭、养家糊口。我拥有神圣的法律赋予我的权利，正如我同样拥有法律赋予我的义务。

我不愿意做这样的老师——因为忙于工作而忽视家庭。我会告诉自己，一个不注重陪伴亲人的人，他的爱是不完整的。我不能一边是桃李满天下，一边是自己的亲人受到冷落。我既是一名老师，也是一个丈夫、一个父亲。

我不愿意做这样的老师——为了工作而忽视自己的身体健康，最终留下"英年早逝"的遗憾，给亲人带来无尽的悲伤。我会告诉自己，人的生命只有一次，在多彩的生命中，工作只是其中的一部分，除了工作之外，还要学会享受生活。人生本来已经有很多无奈，所以我们更应该好好珍惜。

虽然很多时候，我仍然不可抗拒地去做这些我不愿意做的事情，但是我想，只要我和我的朋友们曾经反思过、行动过，中国的教育也许就会有更民主、更科学、更光明的未来。

"不会唱歌的吉他手不是好老师"

以前看过一个视频，国内最火的历史学者、"百家讲坛"主讲易中天参加撒贝宁的"开讲啦"节目，谁知遭到台下一位青年代表的无情质疑。

青年代表：易中天老师，您频频出现在电视节目上，这样刷存在感是不是不务正业？

易中天：我是利用我的业余时间参加节目的。在我参加"百家讲坛"的时候，我没有耽误一节我在学校的课。今天参加这个节目，我已经退休了啊！我是用人家钓鱼的时间来参加节目的，这有错吗？还有，我参加节目，这叫不务正业吗？这只是叫不务专业吧？又有哪一条法律规定我们必须做自己专业的事情呢？（转头对撒贝宁）你说他是播音主持专业出来的吗？

（撒贝宁掩面低头，观众大笑）

最后，易中天大声说："谢谢你兄弟，这口气我憋了好多年了！"

其实这口气我也憋了好多年了，今天居然让易中天先生帮我说出来了。因为我也曾被指为"不务正业"的老师。

二十年前，我给自己班上的孩子上音乐鉴赏课。当时就有人说：一个语文老师给学生上音乐鉴赏课，这不是抢音乐老师的饭碗吗？也有人引用某些专家的话说：语文老师做这些事情，是"种了别人的田，荒了自己的地"。

可是他们都不知道，我为什么会给孩子们开设这门课。

是的，我并不是音乐老师，而是语文老师。那时候，我刚担任一个高一班的班主任，我们的学校是大山里小镇上的一所子弟学校，学生英语水平普遍较差，作为班主任，有责任和义务帮助科任老师开展教学，为了给英语老师提供帮助，我想到了教学生唱英语歌这个点子，因为这其实也是我当年学英语的一个秘诀。

于是我带上了我的吉他，在每周的班会课上，有关事务讲完之后就教学生唱英语歌。从 *Edelweiss* 到 *Yesterday Once More*，从 *Careless Whisper* 到 *Right Here Waiting*，十几首歌教下来，学生的英语水平还真得到了一些提高。而这时候有学生更表现出了对音乐的浓厚兴趣。于是我想，为什么不把这个活动继续下去，甚至干脆开成一门课程呢？

那时候我才二十多岁，跟学生年龄差距不大，成天跟孩子们打得火热，下课基本上都称兄道弟。我觉得好朋友之间，好的东西是应该互相分享的，于是我告诉他们，从现在开始，我们将开设一门特别的课，这门课不考试，也无关分数，但是却是我觉得最应该跟好朋友分享的东西，这就是音乐。

而且，美的东西一定是相通的，音乐、中文、英语都是美好的，而这些美好用歌曲的方式联结起来，让人既能感觉到音乐的美好，又能感受到文字的美好，这有什么错呢？

很多年后，我创办了"夏昆人文艺术讲坛"，免费给社会公众讲唐诗宋词，在讲坛里面，我也借用了这种方法，每次讲座几乎都会给观众演奏、演唱与古典诗词有关的音乐或者歌曲，深受观众喜爱和欢迎。

可是在二十年前，这种做法还是令很多人不理解。曾经有学校的长者找到我，语重心长地告诫我不要玩这些花样，教书就老老实实教书。我出于礼貌没有驳斥，但是我心里在想：我认认真真寻找更受孩子们喜欢的教学方法，将其他领域的知识引入语文教学，难道是错的吗？

好在后来我看到了于尔克·舒比格与贝尔纳合著的《当世界年纪还小的时候》，我被书里最后一段话深深地打动了：

洋葱、萝卜和西红柿，不相信世界上有南瓜这种东西。它们认为那是一种空想。南瓜不说话，默默地成长着。

于是我决定也不说话，默默地生长。

不久，我又推出了第二门课：电影鉴赏课。

我精选了十余部中外优秀电影，利用班会或者晚自习的时间给学生放映，并在观影后以讨论会或者周记的方式对电影进行探讨。于是便出现了这样的情景：晚自习，整幢教学楼的孩子都跋涉在书山题海中的时候，我们的教室却关着灯，老师和同学们一起沉浸在电影的美好世界里。

2012年9月，当我任教的2014级刚刚开始高二学年的时候，我接到了一位出版社编辑的电话，她得知我十多年一直在高中开设电影课，想约我写一本关于此主题的书，我也正有此意，因此一拍即合。于是就以当时我们正在进行的电影课为蓝本开始了写作。这是国内第一本在高中阶段系统开设电影课的专著，内容包括开设电影课的缘起、电影课的开设方法、选片原则、观影准备、观影过程。而我觉得最重要的一个部分，是在每部电影观看之后学生们写的数十篇影评。

整个2012—2013学年，我们的电影课照常进行着，我们的书也随着电影课的进展而生长着。2013—2014学年上学期，我们师生共同写作的电影鉴赏课书——《教室里的电影院》终于出版了。

此时孩子们刚上高三。

一天早晨，我走进教室，手上拿的不是厚厚的试卷，也不是如山的练习册，而是几摞崭新的书，每本书我都签上了我和学生的名字，一本本发到学生手中。我告诉他们：这是我们共同写作的一本书，也是我给他们的毕业礼物。我相信，这样的礼物是别致的，也是珍贵的，必能让我和学生一生珍惜……

而几乎与此同时，我还开设了另外一门课：学生们自己主讲的诗词鉴赏课。

我利用每节课开始的五到十分钟时间，让学生们自己选择诗词，自己阅读分析，自己抄写到黑板上，然后讲给大家听。这种活动很多老师都在做，但是也许有的老师并不清楚，这对老师自身的要求是极高的。因为鉴赏的诗词都是孩子们自选的，事先我也不知道他们鉴赏的篇目，但是按惯例每次鉴赏之后我都会进行点评，这对我的诗词储备是一个严峻的考验。另外，有部分学生因为各种原因在抄写、分析诗词的时候会出错，这时候我必须对错误进行纠正，以免以讹传讹，这就逼着我闲暇时恶补诗词。

如果说，二十年前用作业本抄写诗词是我写作《唐诗的江山》的缘起的话，那么给学生开设诗词鉴赏课则是我写作的直接触发。当诗词鉴赏课开设近十年的时候，2007年，《唐诗的江山》问世，这本书2015年再版，改名为《在唐诗里孤独漫步》，同时出版了姊妹篇《温和地走进宋词的凉夜》。我想这是对无数站上讲台为大家鉴赏诗词的同学的回报，也是对我们师生近十年来共同努力的回报。也就在那时候，我真切地理解到了"教学相长"的含义。

可能会有更多的人认为我"不务正业"，不过似乎我也就这样"不务正业"下去了。与易中天先生的观点一样：我认为不务专业与不务正业是两回事，而且，我更认为，一个人只有立足于本专业，同时将眼光放到专业以外的广阔世界，从广阔世界中寻找资源为自己所用，才能称作一名好老师。

"不务正业"并不意味着放弃学习，恰恰相反，这需要教师用更开阔的眼界来学习，用更宽阔的心胸来学习。

最近，有人提出了"斜杠青年"（"斜杠中年"）的概念，我起初不知道这是什么意思，后来才明白，原来这就是跨界的另一个表达。其实跨界古已有之：亚里士多德是哲学家、教育家和思想家，苏格拉底是哲学家、教育家，伽利略是物理学家、天文学家，丘吉尔是政治家、军事家，还是获诺贝尔奖的文学家，孔子是思想家、政治家、教育家，司马迁是史学家、文学家、思想家，鲁迅是文学家、思想家、革命家……

也许可以这样说，跨界不仅是一种学术结果，而且是一种人生态度。这表明他们对世界充满了可贵的好奇与兴趣，对所有的东西都灌注了自己的热情，而跨界又使他们的眼光超越了自己专业的藩篱，从而看到更广阔更精彩的世界，而这与众不同的眼界则决定了他们思维的广阔、思路的灵活与思想的深邃。

其实，所谓"界"，本来也是不存在的。学科逐渐固化了，学习者思维逐渐僵化了，"界"也就出来了。跨界不仅不是什么了不得的事，反而是今天的学者们必须要做的一件事。世界在缩小，距离在缩短，若还在自己的一亩三分地里故步自封，那么这样的界，恰恰应该是必须跨过去的。

读万卷书也要教万里路

教师应该如何读书

我的阅读观是：作为教师，应该多读与教育无关的书。

谈阅读观的问题，首先要厘清的一个问题是：我们为什么要阅读？

很多专家疾呼：当前中小学老师缺乏阅读习惯，很多老师甚至不读书。但是转过来一想似乎又不对：那些老师真的就不读书吗？其实他们至少还是会读课本和教参、教辅的，只不过这些书不被人们认为是读书罢了。为什么这种阅读不被认可，真正的阅读又是什么？阅读的目的究竟是什么？

我认为，阅读的目的有如下几点：

一、为生命打底色，创造幸福人生

套用汉密尔顿的话说，人是"生活而不是活着"。人除了要有维持肉体生命的各种物质资料之外，还需要各种精神养料用以维持自己心灵的生存。一个不读书的人可能生活得很简单很快乐，而一个不快乐的人，其不快乐的原因很可能是因为他还没有读到能够拯救他的书。

二、建构合理的知识体系，适应社会生活

现代社会分工日趋细密，专业纵深化发展愈加明显，而各个专业之间联系也日趋紧密。因此，要适应现代社会的发展，教师必须以自己专业为出发点，建构尽可能合理的知识体系，只有这样，才能适应日趋变化的社会和教育。

三、提高自身专业水平，增长职业技能

教师首先应该是具有专业技能的知识分子，一个知识分子不读书或者读书很少是不可想象的。一个合格的教师，首先应该是一个学习型的教师。通过阅读学习不断提高自身水平，成为一个专业性强的教师。

因此，我认为，教师阅读的目的首先是建构生命，最后才是提

高专业水平。从某种角度说，前者是一种生命阅读观和幸福阅读观，后者则是功利阅读观。如果不能将阅读放在提升生命境界的高度上，只是为了上课考试而阅读，这样的阅读无疑是背本趋末的。更重要的是，功利的阅读观目标明确但是持续性也很有限，当教师的目的达到或者自认为达到了的时候，势必会丧失阅读动力，于是老师就彻底变成不读书的老师了。只有将阅读放在生命与幸福的高度上，老师才能有恒久的阅读动力，也才能终身从阅读中受益。这也就回答了这个问题：为什么那些只读课本、教参、教辅的老师，被很多人认为是基本不读书的。而依照我的观点，一个老师如果真想成为一个合格乃至优秀的老师，还必须多读与教育无关的书。

这里的无关是相对意义上的。以语文为例，先贤说"文史哲不分家"，也就指明了语文与历史、哲学两科的联系之紧密。不仅如此，语文与艺术、美学、政治、经济以及自然科学也有千丝万缕的联系。作为一个语文老师，如果对历史知之甚少，对哲学两眼漆黑，对艺术缺乏基本的感悟和理解能力，就很难说他是一个合格的语文老师。而上述这些能力的培养，必须建立在大量的阅读之上。

多读与教育无关的书还有一个重要意义：培养自己的研究、质疑能力，保持教师的思想独立。

时下关于教育的专著很多，不少是名家著作，也有很多出自一线教师之手，但是我的观点却是：这种书尽量少读。教师从这些书里寻找教育教学方法、提升自己专业水平是无可厚非的，但是如果只将眼界局限于此，则无疑是把自己的头脑开辟为别人思想的跑马场。一个思想健全的教师，首先应该是一个思想独立的教师。他不盲从，不跟风，在面对任何理论和观点的时候都能保持自己清醒的头脑，敢于对任何观点提出自己的怀疑。而要做到这一点，教师的阅读必须勇于丢弃别人嚼过的"馍"，去寻找属于自己的"馍"。

当然，并不是说教师就不应该读教育书籍，但是，如果教师想真正从阅读中最大限度地得到收获，就应该少读结论性的书，多读资料性的书；少读教自己怎样教的书，多读教自己教什么的书；少读围绕自己专业的书，多读看似与专业无关的书。

陆放翁诗云："汝果欲学诗，工夫在诗外。"学诗是如此，读书亦是如此。

阅读的荆棘路

小时候觉得读书是一件非常高级而神圣的事情。

那时候经常听到某个名人小时候读书的故事，比如居里夫人小时候喜欢读书，家里其他小孩打打闹闹，她却浑然不觉，一个人抱着一本书读得痴迷，甚至书架上的书掉下来砸了她的手臂也没发觉。那时候我就想，如昊我读书也能这样该多好啊。

也许是出于强烈的虚荣心，后来我也在大庭广众之下抱着书本假装痴痴地读，不过到后来就弄假成真了，于是觉得居里夫人读书手臂被砸而浑然不觉真的没什么了不起。顺带提一句，这是从我读书入迷而没听见老婆的命令多次挨骂得出的结论。

读书其实是个很私人的事情，好之者乐在其中，不好者不知奥妙。

读书又是一个很公众的事情。

前不久去了一次欧洲，参观了德国科隆大学，这是一所非常开放的大学，社区居民、外来车辆进进出出，以至于我们走进校园都还不知道我们已经身处大学之内。但是如果你仔细观察还是能发现与其他地方的不同之处。草坪上，橡树下，三三两两坐着阳光活泼的年轻人。他们三五成群，也有独自一人的，但是都几乎毫无例外地捧着一本书。在欧洲，不仅是大学校园，在其他地方我也看到过很多人没事就拿着一本书在读，也许在路边咖啡馆，也许在公交车地铁上，也许就在马路边斜靠着路灯柱。想到国内人们几乎人手一部手机，过马路甚至眼睛都不离屏幕，才知道我们的阅读习惯比起他们还是差了一些。

回想我自己的阅读之路，很庆幸父母从小就培养了我的阅读习惯。也因为那时候的社会精神生活贫瘠，诱惑比较少吧。后来读大学，当老师，一直也没有停止阅读。阅读使我成长，也使我强大，今天我拥有的一切，首先应该拜阅读所赐。

但是这条路也是艰难的，曾经无数个夜晚，每到 8:00，我的电脑就会自动打开阅读系统，逼着我去阅读，有时候出门，裤兜里也必然揣着一本书，甚至同伴们喝酒打麻将，我也在一旁捧着一本书读。也曾因此被别人认为是不合群、孤傲，但是心里相信自己在做愿意做的事情，也就这样坚持了下来。

随着这几年全民阅读的呼声越来越高，教师阅读也被日渐重视，这时候才有很多朋友理解我为何对阅读情有独钟。去年，我趁机向学校建议，希望能够建立一个本校的青年教师阅读工作室。校长非常支持，并且给我们提供了场地和资金支持。每周的固定时间，我就和工作室几个年轻人一起开展共读活动。由于大家都忙于工作，所以我们的阅读进度很慢，一个学期也没把勒庞的《乌合之众》读完。不过我的原则是宁可缓慢不可粗疏，我更希望的是年轻老师能从阅读中有所收获，获得成就感，从而获得快乐。

阅读不是一天两天的事情，我从 1998 年开始阅读"二十四史"，经过十多年，到 2012 年才完成这个任务。阅读本身也是对意志力和执行力的考验，能经受考验的人，不管怎么样都是会有收获的。

但是阅读仍然是一件很私人的事情。不同的人，性格不同，爱好不同，专业不同，阅读的方向也必然不同。很多人不能坚持阅读，恐怕是没有找准自己阅读的方向，从而在阅读中丧失了兴趣乃至信心。所以不管对孩子还是成人，阅读的方向选择其实是很重要的。

就我个人来说，我的专业是中文，爱好是历史、艺术，因此我的阅读方向也就主要在这方面，再以此为出发点，旁及哲学、社会学、心理学等。

因此，我个人是反对开书单的做法的。每个人的书单其实都是不一样的。别人的书单最多是一个参考，而自己的书单必须自己去寻找，自己来开列。

某机构曾要我推荐一本书，按我理解，这不是开书单，而是列出对自己影响最大的一本书。我推荐的是罗曼·罗兰的《约翰·克里斯多夫》。这本不朽的巨著以贝多芬生平为蓝本，为我们描述了一个奋斗者不屈的一生，也告诉了我什么叫爱、美、抗争、坚持与宽容。二十多年来，这本书给予我的力量不可胜计，如果我可以对一本书表示感谢，那么这本书可以说是我的恩人。

在之后的欧洲之旅中，我在德国特里尔大黑门旁边的一幢建筑上，看到了圣者克里斯多夫背负孩童的塑像，我站在塑像下面，想起了《约翰·克里斯多夫》结尾的一段：

圣者克里斯多夫渡过了河。他在逆流中走了整整一夜。现在他结实的身体像一块岩石般低矗在水面上，左肩上还扛着一个沉重的孩子。他倚在一棵拔起的松树上，松树屈曲了，他的脊骨也屈曲了。那些看着他出发的人都说他渡不过的。他们长时间地嘲弄他，笑他。

随后，黑夜来了。他们厌倦了。

此刻，克里斯多夫已经走得那么远，再也听不见留在岸上的人的叫喊。在潮流澎湃中，他只听见孩子平静的声音——他用小手抓着巨人额上的一绺头发，嘴里老喊着："走罢！"他便走着，伛着背，眼睛向着前面，望着黑洞洞的对岸，削壁慢慢地显出白色来。

早祷的钟声突然响了，无数的钟声一下子都惊醒了。天又黎明！黑沉沉的危崖后面，看不见的太阳在金色的天空升起。快要倒下来的克里斯多夫终于到了彼岸。于是他对孩子说："咱们到了！孩子，你究竟是谁呢？"

孩子回答说："我是即将到来的日子。"

此刻站在塑像下的我，热泪盈眶。

校园森林

年前，学校安排我们去一所全国著名的学校参观考察。这所学校据说是全国课改的一面旗帜，听说他们根据新课改的理念，提出了一套课堂模式，极大地激发了学生的参与积极性，老师上课讲得极少，课堂大部分时间都是学生活动，学生主体性得到最大体现，而且在高考中也取得了不俗的成绩云云。

考察期间，该校的领导和老师也给我们介绍了他们的教学模式以及这种模式给学校带来的巨大转变，并声称学校里每个老师都必须按照这种模式进行教学，没有例外。我校一位老教师提问："那么你们怎么处理统一的教学模式与发挥每个教师个性的关系？"讲座的老师愣了愣，然后说了一大段不着边际更不合逻辑的话，大意是即使是统一，我们也尊重了教师的个性等，我们听了之后，既茫然，又有些愕然。

我从不否定教学模式的好坏之分，正如食物的营养也有高低之别，一种好的教学模式也需要推广，但是推广与强制命令显然是不一样的。即使是营养价值很高的食物，我们也不能要求每个人都吃。原因很简单，每个人身体情况不一样，对你来说是补，对我可能就是损伤身体。更何况任何好东西，吃久了也难免会生厌的。但是我发现在教育行政化的影响下，本来应该平和宽容的学术推广，却变成了硬性执行的行政命令。我经常看见，官员们听说一个好的模式，便要求学校老师不分男女老少整齐划一地执行，当然最简单的办法就是把这些与学校的评定和教师的收入挂钩。

可是，校园不是军队，师生也不是士兵。

一个最简单的常识是，校园是师生生命成长与成全之地，校园的美不在于辉煌昂贵的硬件，也不在于某个据说是放之四海而皆准的教学模式，更不在于一两个专家名师，而在于这是一座包容成年人和未成年人生命的乐园。教育是为了生命，而非生命为了教育。真正美丽的校园，应该如电影《死亡诗社》里面一句台词所说的："把一切非生命的东西都击溃！"

可惜，常识已经被我们遗忘太久了。

教师习惯于整齐划一，在他们眼里，听话的学生就是好学生。每每我看到小学的孩子被要求上课的时候手必须背在后面，回答问题的时候必须举右手，我就感到悲凉而愤怒；校长习惯于整齐划一，有些学校连老师的教案都要求必须用规定的格式写，而且必须手写。有老师调侃：领导们一边在强调无纸化办公，与信息时代接轨，一边却要开历史的倒车，规定教案必须写在纸上；教育主管部门也习惯整齐划一，他们最愿意看到的就是自己一个命令下去，下面的学校马上雷厉风行，执行不打丝毫折扣，修改自己以前的命令也是如此。就连很多学校标榜的"个性、特色"其实都走的是整齐划一的路。我曾经听说某个学校以音乐教育为特色，于是他们要求学校每个学生都要学习乐器，当然也就要每个学生花钱购买乐器，却不管这孩子有没有艺术细胞，喜不喜欢音乐。结果家长花钱买了一堆口风琴之类廉价乐器回来，孩子不想学，学校又没有时间教授，于是这些东西全部堆在家里成了摆设。这让人啼笑皆非：什么时候业余爱好也必须全体一致了？

所有这些千奇百怪的现象，都有一个共同点，就是无视常识、摧折生命。这不是教育，而是反教育。如前所言，教育的本质是为了生命的成长和成全，而生命之美的本质就是参差多态，从这个角度说，任何强制的整齐都是反教育的。

校园应该是千姿百态的森林，而不是长宽高都被修剪得整整齐齐的园林。

森林包容所有生命的存在，在这里既有参天大树，也有丛生的灌木，还有攀缘的藤蔓；这里既有凶猛的野兽，也有食草的温驯动物；这里既有飞鸟，也有游鱼；这里既有鲜花，也有果实。在这里，每一种生命都以自己的方式存在。

而校园里的生命也是如此。

学生的生命是千姿百态的，"为了学生的一切和为了一切的学生"不应该成为一句虚言。学生不是成绩单上冰冷的数字，也不是点名册上方正的汉字，更不是及格率、升学率那些供学校炫耀的资本，而是一个个活生生的人。在每一次给新教师做讲座时，我总会说同样一句话："不管这些孩子现在多大，请你们记住，他们和我们一样都是人，他们也有父母，也有爷爷奶奶，他们也有喜怒哀乐，他们也会长大，长大后他们也会有恋爱、婚姻，也会有自己爱和爱自己的人，他们也会有孩子，他们的孩子也是他们生命中的珍宝。一句话，记住每个学生都是活生生的生命。"

当我们承认教育的本质是为了生命的发展与成全时，我们就无法回避一个简单的事实：凡是强硬的整齐划一的规定都是某种程度上对生命的摧残。

教师的生命也是如此。

十多年前，那时候我还是一个年轻教师，为了能在学校立足，我私下主动向学校一位德高望重的老教师请教：怎样才能成为一个受学生欢迎，让领导和家长信任的老师？他告诉我，从现实的角度说，要了解自己的专业，首先要了解考试，然后建议我应该做完近十年的高考题，至少做数十套诊断题，他说，到那时，你对考试心里有谱了，就能教好学生了。

我照他说的做了，应该说，这让我第一次形成了自己的课堂风格，在十多年之后，我将这种风格称为知识过手课，或者，也可以叫高考应考课。

我想很多一线的年轻教师都是这样走过来的。在无数夜灯下，做题、分析、综合、总结，当然还有用剪刀和糨糊整合出一套套自己认为是独家秘籍的资料，故作神秘地发给学生，对十年之内高考题的类型、走向特点如数家珍，为大考甚至高考侥幸猜对了某道题而欣喜若狂，最后成为学校的高考王牌，成为在一定范围内闻名的应试高手。附近的家长们还在孩子读初中甚至读小学时，就四处托人打听以后到高中能不能进你的班，成为你的弟子，因为能进你的班，几乎就等于给这个科目上了某种程度的保险。

那时候我觉得我似乎知道一切，至少对高考是了如指掌的，我甚至在课堂上大放狂言："如果这次考试不考这个，只能说明他们试题出得差！"如果一直这样发展下去，我也许真的会成为一个应试明星教师甚至专家，每到高考前，就四处作报告，总结以前的考试特点，预测下次的考试走向。

可惜，我没能坚持下去，让我改变的原因，就是网络。

2002年，我开始上网，一开始只是去查查资料，找找课件，一个偶然的机会，我撞进了教育论坛，惊诧于这个社会居然有那么多热爱教育的老师，不仅在工作的时候投身于教育，下班之后还在讨论教育，这让我钦佩并感动。接下来，在网上认识的很多专家和老师，彻底地改变了我。李镇西老师的民主爱心教育与民主教育拓宽了我的视野，王晓春老师的科学分析法教会我怎么做一个聪明的教师和班主任，郭初阳智慧而精密的课让我大开眼界，干国祥、铁皮鼓对教育的思考深深启发了我，魏勇等人的科学民主思想对我更是产生了极深的触动。这一切使我反思自己以前的课堂模式，甚至开始思考教育的本质：是不是只管把学生的考试成绩提上去就是一个合格甚至优秀的老师？教育到底是为了什么？老师的终极目标到底是考试还是其他的什么？

这种觉醒更确切地说在1998年就已经发生了，那时候我接了一个新的班，我很清楚成绩对这个班和我这个老师的重要性，但是也朦胧地觉得，似乎只有成绩还是不够的，于是从那时候开始，我就尝试着给学生开选修课了。

说是选修课，其实是不确切的，因为学生并没有选择的自由，之所以这样叫，我只是将其与我上的正式语文课做区分。

最早做的是音乐鉴赏课，因为我很喜欢音乐，所以也愿意把这些与学生们分享。之后做的是诗词鉴赏课，然后是电影欣赏课。这三门课，从1998年到现在，我一做就是十多年，并且形成了一套完整的流程和方法，具体如下：

高一：利用晚自习时间进行音乐鉴赏，选择近二十首中外古典音乐经典介绍给学生，并介绍有关音乐常识，拓宽学生眼界，培养学生的音乐鉴赏能力；

高一、高二：利用每次早读和课前五分钟进行由学生主讲的诗词鉴赏活动。每次由学生事先选择中外诗词经典作品，并查询资料，了解含义，然后在规定时间内为同学们讲解，教师点评；

高二：利用晚自习时间进行电影欣赏。教师选择近二十部中外经典电影，配合电影介绍、影评，给学生鉴赏。

曾经有朋友不解：作为一个语文老师，给学生额外上诗词鉴赏课倒是可以理解的，毕竟跟专业相关，可是给学生上音乐和电影鉴赏是为了什么？难道是要把学生都培养成音乐家或者导演吗？我告诉他们，不是这样的，这样做的答案，就在我为这种课程起的名字中——我管这种课叫"开窗课"。

我曾经在一篇文章里这样写过：

当我做了老师之后才发现，我们的教育不是什么麦田，而是一间黑屋子，里面关着学生，也关着老师和家长，大家在这黑屋子里苟延残喘痛苦挣扎。其实，这间屋子本来是有窗子的，只是不知道被谁挡住了。这时候我就想，我应该成为那个窗户边的守望者，把那些想来挡住这窗户的人一脚踢开。我还要告诉黑屋子里面的每一个人，窗外有很多很美好的景色，绝对不像屋子里这么黑暗，我要告诉他们，该狂奔的时候，你们就尽情地狂奔吧，别管往哪个方向跑，没有人能把你们捉住。我整天就干这样的事，我只想当个窗户边的守望者。

…………

在沉重的应试压力面前。很多人一厢情愿地认为：学生只有把时间全部放在学习上，才能够取得应试的成功。于是，沉重的课业负担压得学生喘不过气，更造成其学习效率的低下。

我相信，教育是为了学生终身的幸福，更是为了建构他们完整而美丽的人生，可是我无法想象，缺乏艺术与美的人生会多么黯淡无光。我并不是想把学生们都培养成艺术家，我也没这个能力，我只是希望在学校、家长和老师们有意无意屏蔽除了考试之外的生活的同时，跟他们唱唱反调，把那扇随着高考临近而关闭得越来越紧的窗户打开，让他们看见外面的世界，一个更精彩的世界。

所以，我并不强求学生全部都喜欢我给他们的这些东西。我想，一切都是缘分，当他们应该与音乐、诗歌或者电影结缘的时候，自然会结缘，我没有必要要求每一个学生都喜欢它们，正如我无法要求每一个学生都喜欢语文。因此我告诉他们：我只是为你们开一扇窗，让你们知道这世界上还有很多其他的风景，至于你们是否喜欢这风景，我无法强求，但是我还是得告诉你，这风景很美，如果你的人生有了它，也许会更精彩。

在我上应考课的时候，我是权威的、强势的，我告诉学生一个又一个不容置疑的标准答案，告诉他们各种各样的应考秘籍，有时候甚至自己都崇拜自己的考试能力。可是当我的课变成"开窗课"的时候，我越来越强烈地感觉到的，不是自己的博学，而是自己的无知。

我经常跟学生讲一个故事——

苏格拉底的学生问他自己与老师有什么区别。苏格拉底在地上画了一个圆圈，又在外面画了一个更大的圆圈，对学生说：小圆圈代表你，大圆圈代表我，圆圈外代表的是我们未知的世界。我的知识比你丰富，这是我们的区别，但是更重要的区别是，大圆圈接触的未知世界更多，这也就意味着我的无知比你更多。

这个故事是在提醒学生，也是在提醒我自己。

从工作到现在，人教版高中教材我已经教过几遍了，然而我惊奇地发现，每次我都教得和以前不一样，不仅是同样的课文每次的教法不一样，而且有时候对同一篇课文的解读，现在说的和以前教的观点也恰恰相反。我想这是值得自豪也是值得警惕的。自豪的是，我一直在学习，在思考，当然也就在变化；警惕的是，我不能把任何一次讲课当成是我的目标，这些不同的教法和解读更加证明了一点：我们永远都不可能触及到绝对的真理，我们永远在朝向真理的路上跋涉。那么，不管是在选修课上还是在语文课堂上，都应该随时保持这样的开窗心态，摆正自己的位置，给学生以尽可能充分的选择权、质疑权甚至拒绝权。因为，在艺术面前，我们是平等的，在真理面前，我们也是平等的。

　　我知道，"开窗课"绝对不是我在课堂上的最后追求，因为从"应试课"到"开窗课"的转变已经证明了一点，我自己仍然在课堂上不断地探索，这种探索得益于我的个性、爱好与特长，也受制于我的个性、爱好与特长，绝对的好课是不存在的，只有将自己的长处尽量发挥出来的课才是好课，从这个角度说，好课的个性特点是很明显的。但是，我的课发展到今天，让我觉得收获最大的是，我逐渐开始明白自己的无知，我相信这是我最大的进步。记得以前曾看过一篇文章，说人的境界分为四个层次：

　　第一，不知道自己不知道；

　　第二，知道自己不知道；

　　第三，不知道自己知道；

　　第四，知道自己知道。

我想，以前我应该是处在第一个境界，做了几套题，取得了几次考试的胜利，便认为自己无所不能，其实不过是坐井观天妄自尊大而已。当我的眼界逐渐拓宽之后，才明白自己的无知，才学会在美与真理面前保持必需的敬畏和谦卑，这时，才开始走入第二个境界：知道自己不知道。

但是，不是每个教师都有自己独特的教学个性和风格的，大多数教师其实只是机械地重复每一天的工作，没有任何个性与特色可言，而只有那些将教育融入自己生命的优秀教师才会拥有属于自己的教学个性和风格，因为这样的教师，他们的教育已经深深烙上了生命的烙印，而生命是多姿的，这就决定了老师的教育风格也是多彩的。成熟教师的风格之多样就像音乐家或者文学家的风格之多样。不能指责贝多芬与莫扎特风格不一样，不能挑剔柴可夫斯基怎么跟巴赫有那么大不同，正如鲁迅不可能与朱自清一样，梁实秋与梁羽生也大相径庭。强行规定教师的教学模式以至教育风格，对优秀教师造成的伤害往往更大于对一般教师造成的伤害。因此，在教育主管部门和学校满意于全员奉行的某种模式之下，恰恰是对最具有生命力和创造力的优秀教师教学能力的极大扼杀，而优秀教师的教学个性被压制，损失最大的其实恰恰是学校，因为他们可能扼杀了一个未来的教育专家，甚至教育家。

可惜，现在这样的言论多少显得有些迂阔不经了，就我目力所及，周围的学校大多是园林，稍微好一点的也不过是次生林，真正包容所有生命让他们蓬勃生长的森林可以说从未见到过。真正野性蓬勃，如森林一样野蛮生长的校园，距离我们还何其遥远！

第二辑

**换一种心态
育人**

做"坏小子"的引路人

想起阿良这个名字，脑海里总是浮现出那个外表桀骜不驯内心又很脆弱的孩子，当然，还有他给我带来的无穷无尽的烦恼和郁闷。

一

先从我带过的一个班说起。

这个班，可以说是全校最难带的一个班，集中了年级最有号召力的"大哥""大姐"。课堂秩序几乎不存在，几个大哥大姐整天想的就是怎么无事生非。前一个班主任带了他们一年半，听说我来接替他，几乎要请我喝酒了。

上任不到一个星期，学生便开始跟我较劲。

那是一个晚自习。打铃几分钟之后，我到

教室，竟然看到全班同学都站在教室门外，当堂的老师也拿着书站在门口。我很奇怪，上前询问是怎么回事，几个学生坏笑着说："锁被堵住了。"

我上前一看，果然，锁眼不知道被什么东西堵得严严实实，无论用什么方法都掏不出来。我明白，这肯定是那些不想上晚自习的家伙干的好事。更让我气愤的是，那个应该上课的老师竟然也没有任何行动，我明白，他其实和学生的想法一样——打不开门，待会就散了算了。但是我不好发作，仍然想办法去开锁，可是锁眼堵得实在太严实，根本没办法弄开。

几个学生在后面有些幸灾乐祸："算了，打不开了，放了算了！"

我听了气不打一处来："等着吧！"

锁还是没有打开，我甚至感觉那个老师都在嫌我多事了。我直起腰："全部退后！"

学生不知道我要干什么，往后退了一些。我抬起腿，一脚踢过去，门应声而开。我恶狠狠地瞪了他们一眼说："上课！"

学生们很失望，但是又不敢违抗，只好郁闷地走进教室，包括那个根本不想在我们班上课的老师。

可是，没过两天，又出事了。

那天，是我的晚自习，走进教室之后，教室里面乱得像大闹天宫，而且没有开灯。我问是怎么回事，学生说灯线断了（那时候学校使用的还是拉线开关）。我一看，果然是灯线断了。可是，居然是整个教室的灯线全部断了，而且是从开关里面断的，我知道，还是他们干的好事。教室里面的开关很高，就是我也要在课桌上搭两把椅子才能够得着。学生想看我如何处置，几个为首的还得意扬扬。我气得要死，赌气说："今天，我们就在黑暗中上晚自习！"

学生哗然，纷纷叫嚷，我愤怒至极："要上就上，不上就别到这里来！"

第二天，我把这事告诉了总务主任。他说蓄意破坏公物是要罚款的，我问罚多少，他说罚款60元。我郁闷至极：几根绳子就要60元？但是没有办法，只好叫学生从班费里拿钱出来交了罚款。

二

几次事件之后，我终于越来越注意阿良了。

在上课时，我总觉得身后有一双眼睛在冷冷地盯着我。刚经历的门锁事件和灯线事件，我也想查个水落石出，但是不管向哪个学生询问，遇到的都是铜墙铁壁，于是也只好不了了之。班上依然时常出事，依然平静不下来。

运动会到了，按照惯例，我领到了报名表，交给体育委员阿良，叫他组织同学报名。我们班虽然成绩和纪律很差，但是体育却是全校首屈一指的，我满以为这次我们能向全校好好表现一下了，于是在报名之前还在班上进行了一番激情洋溢的演讲，大意是为了集体荣誉，我们必须全力以赴为班争光云云。几天后，我问阿良名报完了没有。谁知他说一个都没报！我大怒，问他怎么回事，他说，同学们说，参加运动会要耗费体力，很辛苦，所以应该按照项目分给奖金。

参加运动会还要给奖金！我还是头一次听说这样的谬论。我当时就气不打一处来，但是在办公室又不好发作，于是就问他要给多少钱，他说一分五元。我算了一下，一般来说我们班能在运动会上挣五六百分，这样一来，就要为运动会奖金支出两三千元钱，几乎就是班费的全部！于是我叫他下去再去做做同学们的工作，我再考虑一下。

我几乎是用仇恨的眼神盯着他走出办公室的，而后才平静下来想一想。突然又觉得学生的建议也不是没有合理之处：学校每学期对成绩优异的学生都要进行物质奖励，也就是发奖学金，除此之外，有些班主任还额外用班费对这些学生进行奖励，这些奖励花费的都是学校的"纳税人"的钱，那么对体育成绩优异的学生进行奖励又有什么大逆不道呢？想到这里，我好像有些坦然了。不过阿良这小子要的价实在太高，只需要这一次，我们班的班费就会让这几个小子掏空。于是，我决定谈判。

第二天，我叫来包括阿良在内的几个班委，商量这事情。我首先表示同意对运动会做出贡献的同学进行物质奖励，孩子们一下就兴奋了起来。接着，我又说明：他们的要价太高，班费是全班同学交的，即使是奖励，也应该有理有度，不可挖空吃尽。于是，经过紧张的"谈判"，最后定下来，每分奖励两元。

这其实只是我跟阿良的第一次较量，而且这次较量以双方的妥协而告终。但是以后的较量却不是这么简单了。

三

记得那时候，每个星期一上班我总是祈祷：老天保佑，这个星期别再出什么乱子了。但是好像老天从来没有听见过我的祈祷，该出的乱子还是照出不误，而且很多时候，乱子总是与阿良有关：迟到、旷课、顶撞老师、打架等。谈话无数，沟通无数，总是不见效果，于是我打算请家长协助。

事先我知道，阿良的父母已经离异，他母亲带着他一起生活，但是那次他母亲出差了，于是我辗转多次终于找到了他父亲的电话——

"你好！是阿良的父亲吗？我是他的班主任……"

"哦，我和他妈已经离婚了，他妈在带他，有什么事情你跟他妈说吧！"

我大怒："不管你们是否离婚，这儿子永远是你的儿子！"

可是对方已经放下了电话。

其实我也知道，就算请来了家长，又能怎么样呢？阿良的妈妈也来过很多次，每次都是恨铁不成钢的样子，最多哭哭啼啼一番，拿他一点办法也没有。何况，我自己就是最讨厌请家长的。

但是，有这个坏小子在班上，我的工作就苦不堪言：他不仅自己不交作业，而且还嘲讽其他交作业的同学；卫生经常不打扫；寝室乱得一塌糊涂；迟到旷课是常事，偶尔才能"坚持"上一个星期的课……在班上他是老大，走出班级，走向学校，他还自诩为老大。终于，有那么一天，出大事了。

事情发生在一个周末，阿良和我们班的两个孩子去歌厅唱歌，再之后的事情就有些口径不一了。据他们说，是歌厅的老板娘向他们推荐陪唱遭到他们拒绝，于是对方不满，叫来保安，跟他们打了起来。可是歌厅方的说法却是，几个小子喝了酒，在歌厅惹事，于是发生了冲突。虽然这几个都是我的学生，可是我倒是更相信后一种说法。不过有一点倒是共同的：经过一场"奋战"之后，他们三个人将两个保安打得住院，还有两个受轻伤，最后大家一起到派出所"玩"了一天。

我想我再也不能忍受了，自从担任这个班主任以来，几乎每天都在胆战心惊中度过，至于什么班级评比红旗评比班主任津贴我是从来不敢过问的。开年级会的时候，大家都在热火朝天地谈论尖子班的学生、成绩、表现，仿佛根本就没有我们班的存在，更没有我这个班主任的存在。领导甚至也从来没有问过我我们班有什么问题。现在又出了这么一件事，我决定，一定要不惜任何代价撵走他。

我找到了校长，向他历数了阿良的种种"恶行"，并痛陈了我当班主任的悲哀和痛苦，最后让他觉得，如果不把这种害群之马赶出学校，不仅仅是我的不幸，我带的3班的不幸，更是学校的不幸。于是，校长终于决定，让阿良退学。他叫我约阿良母亲来，我先通知她，然后再带她到校长室，由校长亲自告诉她要让她儿子退学的事情。

我不知道当时我是不是雀跃着走出校长室的，反正欣喜之情难以言表。回办公室之后，我就打电话约阿良母亲到学校，我想，摊牌的时候终于到了。

阿良的母亲如约前来，其实在我当班主任不长的时间里面，她已经是办公室的常客了。我看过很多这样的家长，因为孩子在学校表现不好，家长走进办公室时的动作都是怯生生的。

说了没有多久，阿良母亲已经明白了阿良的情况，可能也猜出了学校的意思，照理说下面也没有什么谈的了，但是我们那天却谈了两个多小时。她说自己在阿良初二的时候离了婚。以前的阿良很乖，学习也很好，可是后来父母感情不合，父亲也不再关心孩子。为了引起他父亲的注意，阿良开始是故意表现不好，上课不听课，成绩下降，希望能以这样的方式让父亲关心自己，找回曾经的父爱。但是这种幼稚的做法一点作用也没有，父母还是离异了，而阿良的行为习惯却变得很糟糕，成绩更是一落千丈，再也无法回到以前的水平。上高中之后，被分到一个差班，对孩子打击很大，而文理科分班之后，又被分在最差的 3 班，孩子更是失去了希望，于是破罐子破摔，变成了现在这个样子。父亲现在还是不管他（这点我倒是深有体会），母亲单位效益不好，为了生计也无暇照管孩子。她还说她知道，孩子总有一天会被学校开除的，落到今天这步田地，不能埋怨任何人，一切都是他自己造成的。不知为什么，我的心逐渐沉下来，之前那种要把阿良撵走的兴奋慢慢减弱，最后荡然无存。我在想：将他赶出去之后，他会变成什么样？

　　谈完之后，我请他母亲在办公室等待一会，我上楼去找校长。

　　我一进去，校长就问："跟家长谈了吗？"

　　"谈了。"

　　"家长同意退学了吗？"

　　"可以说同意了。"

　　"哦。"校长说，"那就叫她上来办理手续吧！"

　　"我改主意了，"我盯着校长惊奇的眼睛说，"我觉得这孩子还有救，我想，学校还可以再给他一次机会。"

　　校长也盯着我看了半天，说："那就照你说的办，这次的事情，按照学校规定进行处分，然后你进行教育吧。"

于是，阿良就这样留了下来。那是高二的下半期。

四

高三上半期临近元旦节，孩子们都想搞个热热闹闹的晚会来跨年，虽然学校并不支持，但我还是同意了。照我一贯的懒人做法，这些事情都是全部交给学生去办的，我届时光临就是了。晚上，我到教室的时候，惊奇地发现，教室中央，矗立着一棵巨大的树，而且是真正的柏树！树根处还有新砍伐的痕迹。树很高，安放在教室里，天花板把树梢都压弯了。树上悬挂着五颜六色的彩灯、美丽的彩纸，还有各种各样的礼物，把整个教室装扮得喜气洋洋。

我问阿良："树哪里来的？"

"捡的。"那小子满不在乎地回答。

"狗屁！你再给我捡棵树来试试？是不是你们晚上偷偷到山上砍的？"

"我们怎么敢乱砍滥伐啊？老大！"阿良还是那一副嬉皮笑脸的样子，"其实，是我们上山去玩，正好看见这棵树倒在地上，于是我们就把它扛回来了，呵呵！"

我又好气又好笑，但是又不得不佩服这帮小贼——晚上去砍这么大一棵树，不仅没被发现，而且居然还能把树偷运进四面围墙戒备森严的校园，再堂而皇之地放在教室里。

那一晚，我们班的确吸引了不少人的目光，光那棵树就让人惊叹不已，阿良他们更是得意扬扬。而我却一直担心护林队会循踪而至给我们班来个人赃俱获，我这班主任至少也算同谋之一，那可就太丢人了。好在我的担心是多余的，这个节日平平安安地过了。

五

阿良好像变了，也许这只是我的错觉，但是很少再听说他打架。课还是依旧逃，但是以前一个星期逃三四天，现在只逃一两天了。根据孟子"日攘一鸡"的理论，无论如何这都算是一个进步吧。而且跟以前相比，他在学习上的确也努力了许多，特别是他最差的化学。我帮他联系了学校的一个老师补课，这小子居然还进步神速，两个月内，成绩提高了六十多分，把我高兴坏了。因为只要他成绩再有一二十分的进步，就够录取线了。却不想，到高三下半期，离毕业还有三个月的时候，他又出事了。

那是一个周末，我在家吃中午饭，呼机响了（那时候还没有手机），我一看是一个不熟悉的号码，也就没有管他，谁知呼机却一直响个不停。我终于耐着性子跑到公用电话亭去复机，电话里传来的是阿良几乎要哭出来的声音：

"夏老师，我出事了，来救我！"

"你在哪里？"

"在派出所！"

我一听头就大了，去年才去派出所游览了一圈，怎么这次又去了？！但是事已至此，我也没有选择，只好找了辆三轮到派出所。一路上，我尽挑些最狠最恶毒的话骂这不长记性的小子，而且告诉自己，待会见到他以后，第一件事情就是一脚把他踹翻。

走进派出所大院，我看见阿良可怜兮兮地被手铐铐在自来水管上，挨着阴沟蹲着，一起铐着的还有两个我不认识的青年人。见到我来了，一个民警说："你就是他老师吧？他是你的学生吗？"

我说是。

"你这学生也奇怪啊，出事了是叫老师，而不是找家长！"他说。

我哭笑不得，只好问："出什么事了？"

民警告诉我，昨天晚上，他和这两个社会青年去吃麻辣烫，喝了很多酒，然后从锅里挑出了一只老鼠！之后他们与老板发生争执，三个人将整个店砸得稀烂，直到110应邀前来"助兴"。

警察告诉我，他们已经触犯了治安管理处罚条例，按照规定必须劳动改造。我一听就急了，说："可是他马上就要高中毕业了啊！能够商量一下吗？"

警察把我带到办公室，说要请示领导，叫我等一下，于是就出去了。这一去就一直没回来。我坐在办公室里生气，一句话也不想对阿良说，更懒得理他。

时间就这样过去。不一会儿，我忽然听到外面一个声音很熟悉，朝外一看，原来是我的一个学生家长。他是刑警大队的队长，正好到这里办事。

我如遇救星，马上叫住他，把情况大致告诉了他，并请他帮我向所长谈谈。家长很热心，终于帮我请来了所长。我对所长说，这孩子的确很调皮，家长也管不了，但是他这学期以来进步很大，很可能考上大学。我们的选择可能将决定他今后三年是在劳改农场度过还是在大学度过。所长表示理解，并说，现在事情这个样子，必须要进行经济处罚。我问，多少？所长说，先交一千五百元吧！我身上没有带钱，于是打电话叫一个要好的同事给我带钱过来，并叮嘱他一定要保密。

不多时，同事来了，他说他身上也没有多少钱，只有八百元。我说先借我八百吧，于是我把八百元交给所长，并请所长答应我三件事：

1. 不要通知学校，因为阿良已经有处分在身，按照学校规定，再有一次处分就必须开除；

2. 不要记入他档案，因为这将影响孩子的终身；

3. 他父母离异，家境困难，能否将赔偿减少一些。

也许是有熟人在的缘故，所长答应前两条都没有问题，后一条要根据受害者的要求来评定（后来商定的赔偿其实就只有那八百元钱）。

事情办完之后，那两个社会青年还被铐在水管上，我悄悄地把阿良领回了学校。回去之后，我将他领到一间空无一人的办公室，把门关上，取下眼镜，一拳打在了桌上，然后伸手抓住他领子恶狠狠地说："我戴上眼镜是老师，取下眼镜什么都不是！你要学就学，不学就还我八百元，离开学校！"

三个月后，阿良高中毕业，考上大学。

再次见他是在一年以后，长高了，长壮了，还当了学生会的体育部部长，很是风光。我说你这种流氓就适合去恐吓莘莘学子。他还是一副嬉皮笑脸的样子，向我敬了支香烟，说澳门要回归了，学校要进行演讲比赛，他是参赛选手，可是他中学语文学得太差，写不出稿子，希望夏老师看在以往的面子上，再拉学生一把，帮他写个演讲稿。我扔下烟朝他屁股上就是一脚，说："我好容易才像送瘟神一样把你送走，你还敢来烦我？快滚！"

当普通老师遇见天才学生

在 ALEX 进入高中第一篇写自己高中老师的作文里，他是这样描写我的：

"夏老师是一位很有意思的班主任，我到他那里报到时，以为就是跟以前一样，把相关的手续交给他就行了，没想到他还叫我坐下，跟我聊了很久，这跟我以前遇到的班主任是不一样的。"

我不知道是不是真如他所说，其他班主任在第一次见学生时基本上不跟学生说话，不过 ALEX 也许不知道，我并不是只对他这样，实际上，我在接手他们班后，只要有时间，尽量跟每个学生都进行谈话。还有一点他不知道：其实我一直有些焦灼地在等他。

那是我调到这个学校的第三年，也是我参加工作的第七年。我半途接了一个全校最差的班，与那帮学生的斗智斗勇成为我职业生涯中永远无法忘记的回忆，当他们高三毕业时，所谓成绩，固然是不能奢望的。而按照这所学校的丛林法则，一个年轻的教师要想站住脚跟，必须在高考中有所建树。干这一行的都明白，如果没有比较优秀的学生，教师要想出成绩那简直是痴人说梦。因此，在假期我就找到了领导，表示坚决不想再教以前那样的班级了，领导也答应我，给我一个好一点的班级，并在报到前交给我学生的名册以及他们的中考成绩，名册上，第二名就是ALEX。

那时候我们的学校并不是一所出名的学校，我们初中的优秀毕业生经常被其他好的学校挖去，因此，在报到之前我就担心，班上优秀的学生会不会也被挖去。事实证明我的担心不是没有道理的，名册上的第一名就始终没有来报到，后来听说被一所国家级重点高中抢走了，而第二名就是ALEX。

ALEX的聪明与好学在他刚进入高中的时候就让所有老师惊讶。从高一开始，我给学生上音乐鉴赏课。没几天，ALEX的母亲就对我说，孩子回家之后给她开了一张单子，上面全是我介绍的一些世界名曲，他要母亲留意，看到这些曲子的磁带就给他买回来。不久之后，他居然就有模有样地跟我探讨贝多芬和莫扎特了。

在我们那所学校里，ALEX的成绩是绝对优秀的。印象里，从高一到高三，他的默写、背诵一次都没有错误，连笔误都没有。每次上课的时候，老师都能感觉到两道无比专注的目光，那目光甚至在背过身来写板书的时候都感觉得到，不用猜，那一定是ALEX的。

高一上半期，有一次他很兴奋地对我说："夏老师，我找到了学习政治和历史最关键的方法了。"

我问什么方法。

他说："政治就是要抓住物质决定意识，历史就是要抓住生产力决定生产关系，在我们的教材中，这是放之四海而皆准的东西。"

我相信这两个原则老师也是跟他们提过的，但是我更相信ALEX所说的是他自己领悟出来的。而这种主动的领悟能力，并不是每个学生都有的。

高三的时候，我一直给学生免费补课。我补课的方式有点有趣，经常是拿一套题，我和学生一起做，然后自己说出自己的答案，并谈自己的解题思路，最后再对照答案。由于事先都没看答案，我自己也经常出错。有一次，我最先做完，然后看答案，等我抬起头来的时候，一脸苦笑地对ALEX说："你猜我做得如何？"

ALEX一脸狡黠："肯定是全错！"

我无奈承认："真的是全错！"

再看他的卷子，全对！大家一片哄笑。结果那天他成了老师，给大家讲他的解题思路，说得我们大家只有点头的份儿。

ALEX 的问题不算太多，但是每当他提问的时候，老师都要打起精神，集中精力认真对付，因为情况只可能有两种：要么是书或者卷子印刷错误，要么就是老师讲解出现了问题。

但是，ALEX 最让人印象深刻的并不是在学习上。

带这个班之后不久，我就了解到，ALEX 的母亲与他生父在很久以前就离婚了，母亲带着他后来又组建了家庭。不知道是不是因为家庭的原因，ALEX 从小就十分懂事，表现出与他的年龄不相称的成熟。但是这种成熟又绝不是谨小慎微甚至未老先衰，而是基于责任感和荣誉感之上的一种宽厚和认真。

上高中之后，他就被同学们选为班长，这个职务他一直干到高中毕业。有些成绩优秀的学生很不愿担任班干部，原因是怕影响成绩，但是 ALEX 却不一样，在班长的职位上，他干得十分认真，很多时候甚至比我这班主任还操心，最让我印象深刻的是这样一件事——

有一段时间，班上风气很不好，课堂纪律很成问题。一天下午，我在班会上严厉地批评了全班，然后拂袖而去。回到办公室之后，我的气似乎都还没消。过一会，放学铃声响了，可是过了半天，也没看见一个我班上的学生出来。我觉得奇怪，就跑到教学楼边去看。只见讲台上一个身影正在慷慨陈词，讲台下的学生们一个个低着头，惭愧不已，看那样子反思得比我刚才批评他们的时候还深刻。而讲台上的人，就是 ALEX。

看到这种情景，我不知道是该欣慰还是惊讶。我没有打扰他，悄悄地离开了。

上高一后不久，英语老师 BILL，也是我最好的搭档提出要每个学生都起一个英语名字。

我与 ALEX 在一次闲聊的时候说："英语名字中，男孩名字我最喜欢的是 Alexander——亚历山大，一位伟人的名字，更重要的是，他是一位王者。"

我看着他说："要不你就叫这名字如何？"

他微笑着答应了，于是从那以后，我们都叫他"Alexander"，简称就是"ALEX"。

ALEX 就这样成了全班，乃至于全年级的"王者"。可是奇怪的是，ALEX 的优秀没有引起任何学生的嫉妒。原因就是他的真诚和乐于助人使每个同学，不管是成绩好的还是成绩差的，都发自内心地敬佩他，这让我这个成年人都觉得不可思议。我们班每个学生都有外号，全部是善意的，有时候老师也跟着叫学生外号。而 ALEX 的外号叫"大羊"（ALEX 姓杨），让人惊奇的是，他在全班竟然是年龄最小的！而就是这个最小的"小弟弟"，却当之无愧地成为了全班的"大哥"，成了一个班乃至整个年级的灵魂人物。

ALEX 也有犯错的时候，记得刚进高中，因为某件事，我决定到他家里跟他谈。那天，他妈妈也在，但是，在跟他妈妈说明原因之后，我对他的批评全部用的英语。虽然那时候他才高一，但是他已经能跟我用英语对话了，更重要的是，他知道我这样做的目的：保护他的尊严。

高二的时候，他在期末考试中考了全市第一。但是就因为这个第一，他挨了我四天的"骂"。原因只有一个：在取得了好成绩之后过于自大，沾沾自喜。这样近乎"莫须有"的罪名显然是ALEX无法接受的，因此，前两天是我跟他谈，后两天是和他母亲一起跟他谈，直谈得他垂下了头，心服口服。

那件事过后也有同事说，你是不是对ALEX太过于苛刻了。我说不是，其实那时候我产生了一个想法，要让ALEX进行他人生一次重大的选择。

我们的学校只相当于一所镇中学，长期以来，教学质量与城里的重点中学是无法匹敌的，在20世纪90年代末期，每年能考上几个重点本科就算不错了。但是，在ALEX上高二的时候，我和英语老师BILL却在计划，让他报考北大。

这是我们学校建校以来从未有过的事情，从学校声誉来讲，如果他能够考上，当然是大好事，可是他真的能考上吗？万一失败了呢？

在校长的主持下，我们全体教师认真开了很多次会，研究

ALEX 的成绩，每科的估分都精确到了个位数。最后得出结论：如果 ALEX 发挥正常的话，考北大是很有希望的。但是也有很多老师反对，认为考试有很多偶然性，如果学生发挥不好，则很可能连差一点的学校都考不上，但是，我和 BILL 坚持认为，ALEX 是有希望的。而我们两个，是 ALEX 和他妈妈最信任的老师。

于是，在我们的游说劝说下，ALEX 终于在志愿表上填报了北京大学。

很难想象从 ALEX 填报志愿一直到高考，然后到成绩公布那一段时间我们是怎么过来的。好在那一年，我写了一篇文章，真实地记录下了成绩公布那一天的情景。

分临天下

我一直自诩是个"宠辱不惊"的人，所以七月十一日 BILL 拉着 ALEX 一大早上网去核对高考答案的时候，我颇有些不以为然。BILL 是英语老师，我最好的搭档，ALEX 是我们共同最喜欢的学生。七月十日高考刚过，我们班就搞了一个毕业晚会，十一点钟晚会结束，他们还意犹未尽，又到我家里狂欢了一个通宵。我已经疲惫不堪了，而 BIIL 却精神抖擞，拉着 ALEX 到网吧上网去了。

我的好梦没持续多久，十点钟不到，他们两个把我从床上拖起来，告诉我 ALEX 上北大中文系已十拿九稳，从网上公布的答案看，ALEX 的总分至少 630 分，我教的语文 ALEX 一卷只错了一道，得分是 57 分，语文至少上 130 分，我的梦醒了。ALEX 报北大是我和 BILL 从他高二时就一直坚持的。在我们这个偏僻的小镇，还没有谁考上过这所闻名中外的著名学府。而在为 ALEX 辅导志愿的日日夜夜里，我们每个人都承受了来自各方面的沉重压力，包括来自同事的。我们听得最多的就是说我们为了评职称而让孩子去冒险——ALEX 如果上不了北大，很可能掉到一般本科。而如果他不报北大的话，直接考人大或者是复旦应该是没有问题的。而现在，听说成绩不错之后，我终于松了口气。

七月二十四日晚上，终于查到分了。

我给 ALEX 打电话，刚拿出手机，手机就响了，是 BILL 的，平时看上去玩世不恭的他这时有很沉重的喘息："ALEX 怎么样？"

我停了很久，我想这时候 BILL 肯定觉得等待了一个世纪："不好，比预想的少了很多。"

那边又经历了一个世纪："那只好面对现实了。"

挂断电话，我拨通了 ALEX 的电话：

"查到了。"

电话线那边的喘息声更粗重。

"你来一下好吗？"

我挂断了电话，重新又拿起了啤酒瓶。很快 ALEX 来了，我顺手递了一瓶给他，他望着电脑屏幕，不说一句话。

电脑风扇的声音很大，屏幕上的分数无声地瞧着我们。我们静静地喝着酒，我感觉到 ALEX 的眼睛开始变得和酒一样湿润。

"语文和预想的一样，英语和综合科稍差，比预想的少了将近 20 分。"

这时我看见屏幕边缘有一个"你认为北京高考录取线比外地低太多，这种情况是否公平"的问卷调查，我点击进入，毫不犹豫地在"不公平"一栏中打了个钩。

"感觉怎样？"

我知道这时问这个问题很愚蠢，但我找不到其他的话。

"我害怕面对妈妈。"

ALEX 的母亲在他五岁时就离了婚，孩子是她唯一的希望，我知道，如果 ALEX 只考了个一般本科，最无法面对她的实际上是我和 BILL。

"我想打个电话。"

ALEX 静静地说。我把手机递给他，他拨通了 BILL 的号码。

"Sir，I'm so sorry!"

ALEX 哭了，再也说不出一句话。我默默地拿过手机挂断。我不知道 BILL 此时如何，但我想跟我们肯定也差不多，虽然他不喝酒。

我们就这样静静地坐着，手机开始频繁地响铃，都是学生来通报刚查到的成绩的。隔着布满电波的空间，我可以看到他们或欣喜或焦虑或痛苦或悔恨的脸。

电话开始少了，电脑上的时钟显示已是凌晨一点。

"你该回家了。"

我和妻子一同陪着 ALEX 走出来，外面很热闹，对于很多人来说，今天只是个很平常的日子，没有什么特别的。夜生活才刚刚开始，街两旁店铺灯火辉煌，人行道上，白天不敢出现的小商贩在满怀信心地展示着自己的商品。路旁每个小火锅摊都是高朋满座，氤氲的蒸气婀娜地升起在满头大汗的头顶上。没人关心一个高考考砸了的学生和他的老师们的心情。

我们三人默默地走着，都想说些什么，但都没说什么。街灯开始昏暗，已经到了 ALEX 的家门口。

"你准备什么时候告诉妈妈你的成绩？"我终于开口。

"不知道，也许等她哪天心情好的时候。"这个只有十七岁的孩子经常表现出同龄人很少有的男子汉气概。

"要不，你别告诉妈妈，等我和 BILL 来告诉她。"虽然我知道这样很难，但我想 BILL 和我的想法肯定是一样的。

ALEX 没说话，默默进了屋。我和妻子开始往回走，手机又响了，是 BILL 的。

"告诉 ALEX，刚才他对我说'sorry'，其实应该说'sorry'的是我，因为他的英语没考好，而我是他的英语老师。还有，明天我们一起到他家去，告诉他妈妈他的成绩，如果有什么要怪的话，都只能怪我们俩。如果他要复读的话，我建议我们两个出他复读的费用。"

我回答了一句："好。"我感觉我的眼也开始变得和酒一样湿润。

那一晚，很多人都没有睡着。

几天后，全市高考成绩都出来了，我们惊喜地发现，ALEX竟然是全市总分第一。本已熄灭的希望之火现在又开始燃烧了起来。从那天起，我们天天以小时为单位关注着录取情况。

直到有一天，校长从录取现场之外给我电话："告诉你一个好消息，ALEX被北大录取了。"

几天后，我在学校遇到ALEX。我随意地问了他一句："你知道这意味着什么吗？"

他转过头看了看我："意味着起点。"

我微笑，这个答案跟我心里想的一模一样，三年的相遇，我们之间的默契已经到了连我自己都惊奇的地步。

几年之后，我离开了这所学校。临走的时候，BILL给我饯行，谈到ALEX，我问他："如果是现在，你还会和我一起对ALEX投入这么多，担这么大的风险吗？"

他沉吟了一下，很认真地说："可能不会了，那样的日子，我现在真的不愿意过了。"

我说："我也是。"

我不清楚我们当时的鼓动对 ALEX 来说到底是不是好事，虽然事情是以大团圆结局的，但是如果失败了呢？我们是不是就害了这个极有希望的学生？过去是不可假设的。我想，我们当时之所以近乎疯狂的执着，只是因为，我们终于看到了一个天才的学生，而我们的任务，就是为天才的腾飞出一把力，不管成功还是失败，这都是两个羡慕天才、佩服天才的平常老师必须做的。

成长到底意味着什么？

五一长假结束了，孩子们又回到了学校。今天早上，是语文早读。

我走进教室的时候，今天的诗词鉴赏已经写在黑板上了，我看到，上面写的是几米的一首小诗，很可爱，今天负责讲解的是 Damaryis，语文课代表，经过一个学期的训练，孩子们的讲解越来越熟练了，今天 Damaryis 甚至还仿效老师上课提问的方式，叫同学起来谈谈自己对诗的理解。讲解是成功的，赢得了同学们的掌声，Damaryis 回到座位上之后，我做了简单的评讲，大家就继续看书了。这时候，管理卡片的 Antonia 举手了，我走过去问是什么事，她笑着递给我一张已经由大家签好名的卡片，我才想起，放假之前她就提醒过我，今天正好是 Naruto 的生日。

我拿着卡片又走上讲台，笑着说："今天，好像是 5 月 8 号……"

孩子们心领神会，全部鼓起掌来，Naruto 有些不好意思地站起来，走到我面前，接过了卡片，Naruto 的歌唱得极好，外号是"歌神"，我笑着问："今天是说还是唱？"

孩子们笑着喊："叫他说唱！"

Naruto 站到讲台上，照例向大家致辞：

"其实我都不知道想不想过这个 18 岁的生日了。"

他的第一句话让大家多少有些意外。

"小时候，很希望自己能很快长大，看着那些上学的哥哥姐姐，觉得好'洋盘'（四川方言，意思跟'酷'差不多）哦！"

孩子们大笑，Naruto 继续说："后来上了小学，才知道不是这么回事，好多作业哦！后来上了初中，被管得什么也不能做，什么自由都没有了，后来上了高中，更'好玩'了，整天在学校里面，做不完的作业，什么都不能做了。而且，18 岁就让我想到，从此以后我就归警察管了。"

孩子们又大笑。

"我爸说：等我到 18 岁，就会一脚把我踢出门去，叫我自己去挣钱养活自己，现在我 18 岁了，我爸并没有踢我出去，还是叫我上学。"

孩子自己也笑了："其实，大家能在这里一起度过高中生活，也是缘分，今天我 18 岁了，我希望一年以后，我们大家都能考上自己喜欢的大学，创造自己的人生。"

孩子们报以热烈的掌声，Naruto 走下讲台回到座位，我走上去，说："记得以前对大家说过，长大，不仅意味着很多事情大家能做了，也意味着很多事情大家不能做了，因为大家有了更强的能力，也有了更多的限制。"

我看了一眼全班，继续说："在学庄子《逍遥游》的时候我们知道，蝉和小斑鸠能力较弱，于是他们可以'抢榆枋而止，时则不至'，而大鹏则只有凭借一年一次的大风才能扶摇直上，因此，更强大的大鹏受到的限制甚至超过蝉和斑鸠，甚至我们可以这样想，在一年中其他没有大风的日子里，大鹏也是不能有太大作为的。但是，我们更知道，大鹏相比于小鸟，它拥有的是更广阔的空间和视野，更高远的目标，而大家现在就是在朝这个目标奋进。

"成长是艰难的，在很多同学的随笔和周记里面，我们经常就这一点进行交流。实际上，成长就像蛹化蝴蝶，必须经过艰难甚至疼痛，才能破茧而出，在阳光下展示自己美丽的双翅，但是这是值得的，也是必需的，因为，经过这一天，我就不能再称呼你们为'girls and boys'了，从今天开始，你们已经是'ladies and gentlemen'。"

什么是真正的尊重?

　　Richard 给我的感觉始终是个孩子。在他
开学第二次周记的评语中，我说希望他能成为
一个真正的男子汉。他母亲看了之后，写了一
篇长长的回复，表示了她的感谢和对我的支持，
这让我更坚信：我的观察是正确的。而这种正
确，在开学不久就得到了印证。那是一天下了
晚自习，我照例去学生寝室看孩子们，并和生
活老师交流孩子们这段时间的情况。生活老师
告诉我：Richard 其实还是很乖的，就是有时
候很任性，对生活老师的要求要么不理睬，要
么我行我素，甚至有时候还对生活老师恶语相
向。听了之后，我首先对生活老师解释：这孩

子是有些孩子气，他不礼貌并不是故意的。我答应生活老师一定做他的思想工作。

后来我在想：我们学校的很多生活老师并不是教师出身，有些管理方法也许欠考虑，有些学生也跟我提过这方面的问题，但是这绝不是对生活老师无礼的理由，看来应该教他们学会怎么尊重别人了。

第二天晚自习的时候，我在班上谈到了这件事：

我听说，我们有些住宿的同学，在与生活老师意见不一致的时候，采取的是恶语相向的方式。我们先不论谁对谁错，我想告诉大家一个很简单的道理，就是什么是尊重。

"你们尊重我吗？"

孩子们一起回答："尊重！"

我说：

"错了！你们对我的态度不叫尊重，原因很简单，因为我是你们的老师，虽然咱们天天说民主什么的，但是老师的地位还是高于学生。所以与其说是尊重，倒不如说有几分惧怕。那么尊重到底是什么？

"我觉得，对看上去地位比自己'低'的人的人格和地位的认同，对所有人谦和才叫尊重。我大学时候有一个同学，跟我关系很糟糕，因为我讨厌他那种谁都看不起，对谁都要践踏的样子。有一次，他的父亲来看他，我想：儿子这样，爹也好不到哪里去。谁知道，他的父亲却异常地谦和，后来才知道，他父亲是一个大学的校长。"

学生发出了惊异的讨论声。

我继续说：

"于是，我得出一个结论，真正的学问，其实就是做人的学问，而做人很重要的一个方面，就是学会尊重别人。不尊重别人的人，是得不到别人的尊重的。

"据我所知，我们的同学并不是有意去伤害生活老师的，充其量只是有些孩子气，但是因为你们已经长大了，你们的言行都会对别人产生直接或间接的影响，或者说，每个人都将为自己的言行负责。"

下课之后，我搂着 Richard 的肩，他不好意思地笑了，我问："你知道了？"

他回答："知道了。"

我说："做个让你父母能为你骄傲的男子汉，别再小孩子气了，好吗？"

他回答："好！"

其实我知道，也许以后他还会这样，毕竟习惯已经养成，一时改正是困难的。但是，我们都应该给他机会，让他长大、成熟。

请敢于"出风头"

　　运动会之后，学校要参加成都市组织的一个中学生广播体操大赛，学校决定，以我们班为主体，并从其他班抽调部分同学组成代表队参加比赛。

　　为了参加比赛，运动会刚一结束，孩子们便投入了紧张的训练之中。每天晚上刚吃过晚饭，孩子们就在体育老师的带领下进行训练，一直训练到晚自习开始。临近比赛的几天，连晚自习前两节课也占用了，专心进行练习。每次训练结束，孩子们大汗淋漓地回教室，一个个叫苦连天，但是却始终坚持，让人又心疼又骄傲。

比赛定在星期六早晨。那天，我和体育老师带着孩子们一起来到华西中学，经过紧张而漫长的等待之后，孩子们终于上场了。我和其他老师站在看台上，看着孩子们整齐划一的动作和朝气蓬勃的笑脸，心中感到无比骄傲。比赛结束之后，同去的杨校长反复表扬参加比赛的全体同学，直到昨天晚自习还提醒我们一定要好好表扬参赛的同学，说得大家都喜滋滋的。

今天，星期一，第二节课后广播操，孩子们变了。

站在队列后面，孩子们的动作不再像比赛时一样标准，以前那种懒洋洋的动作又出现了，几个孩子仿佛也觉得不好意思，不时地东看看西望望，想看看别人做得怎么样，除了一两个平时就做得很规范的同学之外，其他同学几乎没有一个在认认真真做操。音乐结束了，体育老师宣布解散，几个聪明的孩子回头看着我，心想我一定会叫集合，说说这种情况。我没有宣布集合，让孩子们回教室了，因为下节课就是我的课。

走在回教室的路上，几个孩子看着我不好意思地笑了，他们说其实他们也想认真做的，可是看到别人都不认真，好像自己认真就很不合时宜，于是只好胡乱做了。

上课铃响了，我走进教室，谈到了这件事情，孩子们都有些不好意思，我说："开学这么久了，有一件事情是全校有目共睹的，那就是在短短的两个月内，我们建立起了3班这个班集体，更重要的是：我们通过一系列的活动证明了我们 3 班是团结的，有凝聚力的！"

孩子们面有喜色。

可是我话头一转："但是，是不是有了凝聚力就是好的团队？不是！开个玩笑：黑社会也讲团结！"

学生大笑。

我继续说："所以，真正优秀的团队，凝聚力只是一个前提，更重要的是积极向上。"

几个孩子若有所思。

"中国有太多的关于怎样才不引起人注意的技巧……于是，展示自己个性的人被指责为'出风头'。

"今天做操的时候，很多同学在注意看别人是怎么做的，好像怕自己比别人做得好而显得太引人注目，可是到底是谁才有权力判断我们的是非？是旁边的人吗？我们总是将自己的价值建立在别人的评价之上，过分关注别人对自己的看法，可是如果当周围的人都不如你的时候，你这样做难道不是在降低自己的高度吗？

"没有人有权力对你指手画脚，没有人有权力为你指定你的生活方式，因为标准就在你自己心里。当你确定你的做法是正确的时候，你就应该坚持自己的做法而不是和光同尘！因为，这，就是个性！

"我们全班代表盐外参加成都市的体操比赛，就已经说明，我们是学校最棒的！而现在，当大家从赛场上回来以后，却要以那些比我们差的同学的标准来要求自己，这不是很荒谬吗？！难道大家在这青春年华就如此老练地学会了韬光养晦？

"中国需要的不是和光同尘的顺民，需要的是敢为天下先的勇士；需要的不是不言是非的好好先生，需要的是旗帜鲜明的叛逆者！而今天大家的表现让我十分遗憾！一个最好的集体，却因为一些荒谬的原因而刻意降低自己的标准，那么有人比你矮，你是否就一定要蹲下以示你和他彼此平等？如果有人比你丑，那你岂不是应该自己毁容来和他不分伯仲？"

学生大笑。

"我们需要的不仅仅是一个团结的集体，更需要一个团结而且积极向上的团队！我们每个人心里面都应该有正确的是非观，都要有坚持自己的原则的勇气，甚至还要有因为坚持自己的原则而被别人讥讽的心理准备！"

接着，我讲述了我自己对"出风头"的一些看法，我告诉他们，老师从小就是一个爱"出风头"的人，但是，如果是为了坚持自己的原则，为了坚持正确的做法，恰恰应该敢于"出风头"，敢于与别人不一样。

一节课很快过去了，今天这节课没有讲课，但是，如果孩子们真正理解的话，这堂课也许才是最重要的。

知耻而后勇

似乎我一直没有对大家老实交代，到盐外之后，我任教的是两个班：一个是文科班高二（3）班，并担任班主任；一个是理科班高二（5）班。

比起女生占大多数的（3）班，男生占大多数的（5）班可以说"特色"是很明显的：一群高大威猛的男孩子在教室里充当主力，下课之后狼奔豕突硝烟四起，上课的时候总有几个不安分的男孩蠢蠢欲动，不是跟旁边的孩子说话，就是捡起老师上课的只言片语胡乱接嘴，有些孩子甚至故意在课堂上出洋相以引起别人的注意，获得满足。

刚上这个班的课的时候，感觉上课简直是

一种折磨：按我平素的"微笑战术"走进教室，孩子们最多能安静十分钟，之后则是说话者此起彼伏，于是几乎每节课都要拿出几分钟甚至十几分钟来整顿纪律。

我整顿纪律的风格是比较刁钻的。因为在我还是学生的时候就不是一个"好学生"，上山打鸟下河摸鱼，迟到旷课打架斗殴，偷农民伯伯白菜砸政教主任玻璃……以至于我经常感叹现在的孩子调皮得没有一点创意，我们十多年前的招数现在还在使用，没有与时俱进的精神。再加之以前"差"班也带过，常常是学生敢上房揭瓦，洒家就飞天揽月，看谁更高，跟优秀学生比谁更"白"，跟问题学生比谁更"坏"，白对白黑吃黑无所不至。比如上次有个孩子上课故意接嘴出洋相，我就针对这事，专门进行了"洋相教育"，具体的语言已经忘了，但是说话肯定是比较尖刻的，因为此后，好多喜欢哗众取宠的学生就老实多了。

今天改（5）班的作文，翻开一本作文本，却意外地发现了这样一篇文章：

我的自白书

敬爱的老师：

您好！很惊奇吗？不要吃惊，我只是借此抒发一下自己内心的感情。我也不知道我是哪类人，但至少不会是那种赤裸裸的，因为，自从人类知道羞耻之后，就懂得披上兽皮，就像一旦有利益的存在，人们就懂得了伪装。您比我大，比我经历得多，那么换句话说就是伪装得比我深。但亲爱的老师多次无情地剥去那些遮羞的外衣，常常让我无地自容——因为我的外衣常常穿反。不过，还得谢谢您，正是因为您的作用，才让我感到穿着的重要性，才让我体会到什么才叫羞耻。

× ×

我的评语：

感谢你的真诚，也为我的尖刻而抱歉，接受你的批评！

合上作文本，我在想：我做得是否过分了？这是班上一个经常在上课的时候跟我开些无厘头玩笑被我训斥多次的男生，好几次我在班上不点名批评的对象。在班上，他总是一副软硬不吃的样子，很多次我几乎对他大动肝火，而今天这篇文章，却让我感觉到任何人都拥有柔软的一面。

我想我该找他谈谈。我会告诉他，每个人都有"衣服"被剥下，令自己另一面被暴露在大庭广众之下的时候，因为，每个人都需要知道羞耻。我会告诉他：尊重并不等于纵容，理解并不等于默许，当回顾我的学生生涯的时候，我痛感我失去的东西太多，于是我不愿你们和我一样，总是到了无法回头的时候才知道丧失的是什么。我会告诉他：如果我的语言伤害了你，我愿意道歉，但是我并不会认为我做的是错的，因为重症必须下猛药，如果和风细雨不能使你明白，那么当头棒喝也许效果会好，虽然头肯定会疼一阵子，但是相对于你获得的，这种痛苦实在太微不足道。我会告诉他：在你们身上，我看到了我过去的影子，我欣赏你的坦诚和直率，但是也要批评你的随意和散漫，就像我说过的一样，我不是以成功者的姿态来教训你，而是以失败者的身份来警醒你。我还会告诉他"知耻而后勇"，我也曾经有过感觉耻辱的时候，但是作为男子汉，应该勇敢地面对自己，面对耻辱。最后，我还会告诉他：恭喜你期中考试语文考了 100 分，恭喜你的进步！

昨天下午，上完课之后，我将孩子叫出来，跟他谈了很久。交谈后，我感觉孩子的是非观基本是正确的，知道老师的语重心长是为自己好，从严格意义上讲，我也很清楚自己的批评绝对没有对学生人格进行侮辱，所以我也就放心多了。

交谈快要结束的时候，我告诉他：当我第一次见到你的时候，你的言行给了我一种感觉：这一定是个"坏"孩子，经过我们深层的了解后我知道你并不是。那么，也就是说：你的言行在很多时候让人对你产生了误解，而如果当你走入社会，有些误解对你可能就是致命的，那么，为什么不能改变自己的言行方式，让别人看到真正的你呢？

孩子不断地点头，我们已经走到食堂门口了，我拍了拍他的肩膀，说："今天就到这里吧。"

孩子说："好！谢谢老师！"

我正想转身离开，突然看见孩子向我伸出了手，我笑了笑，也伸出手，和他紧握在一起。

今天早上，刚上课的时候孩子还是很认真的，但是 20 分钟以后又有些管不住自己了，嘴巴又开始蠢蠢欲动，我看着他，扬着眉毛笑了一下。孩子有些不好意思，也笑了。我想，真正的改变肯定是需要时间的，但是没有关系，我可以牵着孩子的手，等着他，一起成长。

崇尚个性与强调沟通并不矛盾

2004 年的最后几天，过生日、迎接元旦，热热闹闹熙熙攘攘，旧的一年终于离去了，之后就是放三天大假，4 号早晨，我们才回到学校。这时，我才发觉，我心里一直在想着的一件事情，孩子们也在想。

上午第四节课，讲《记念刘和珍君》，我先让孩子们读有关资料和课文，然后布置了一个问题："如果你是 1926 年的女师大学生，你会去请愿吗？"

之后，我叫班长、副班长和团支部书记出来一下。

"有件事情，想跟你们商量一下。"我说。

"什么事？"班长 Jessie 问。

"这段时间最大的事。"我说。

"海啸！"

孩子们不仅仅是聪明，我知道他们也一直在想这事。

Idelle 接着说："其实我们都想提醒你的。"

"如果你们能提醒我就更好了。你们说咱们应该怎么做？"

"我们应该募捐！"

"我觉得我们应该发动全校师生一起募捐！"

Antonia 始终是深思之后才发言。我为孩子们的爱心和勇气而感动："那你们觉得我们应该怎么做？"

"我们可以发一个倡议书，然后做一个募捐箱，以高二（3）班的名义向全校倡议捐助灾民！"

孩子们热切地出主意。

"好！Antonia 和 Idelle，你们两个负责募捐箱的事情，Jessie 负责倡议书，最好今天下午搞定，我们应该在学校第一个作出反应！"

孩子们进教室去了，我回到讲台上："刚才提了一个问题：如果你是 1926 年的女师大学生，你会上街吗？会的请举手！"

几乎是 29 只手同时举了起来，我不禁有些愕然，因为我并没有想到会是这个结果，但是我还是继续说下去："感动于大家的热忱和勇气，而现在有另外一件事情，更需要我们去做。"

我简单说了一下刚才与班长、副班长和团支部书记的讨论结果，孩子们一下子激动了起来，这个说我们是应该到每个班上去收还是在外面"摆摊"，我笑了："又不是收税，募捐全凭自愿，怎么能到人家那里去收呢？"

有孩子又很深沉地说："其实最好捐物，不要捐钱，减少'中间环节'。"

我不由得苦涩地笑了："我觉得还是捐钱比较好，因为现在公布有慈善总会的账户，我们可以将募捐到的款项直接打过去。"

下课了，Kiko 走在我后面，"狡猾"地说："其实我昨天都想给你发短信的，我们不能忘记了这件事。"

我笑了，孩子们一直想着这件事啊，还有什么比这个更令人欣慰的呢？

昨天中午吃饭的时候，在食堂遇见杨校长和徐主任，我说："正有事想和你们商量，我们班想发一个倡议……"

"是海啸的事情？"

杨校长打断了我的话，看来大家都想到一起去了。他们说初二（6）班也想发一个倡议，请全校师生捐助。于是我们决定先以两个班的名义联名发起倡议，然后由德育处组织全校的捐赠活动。

晚上上自习的时候，由两个班联合发出的倡议书就贴出来了。

按照学校的打算，想先由我们两个班发起并先捐献，然后带动全校捐献。可是当我上楼的时候，孩子们围着我说："明明是我们班先想到的啊，凭什么初二（6）班也署名啊？"

我告诉他们其实是不谋而合，初二（6）班的老师和同学其实也想到了。孩子们又说："那么为什么德育处又要管这事情呢？"

我解释是管理方便。这时候，我看见了孩子们竟然连捐助箱都已经做好了，我知道孩子们的意思，他们想自己承办整个活动。

其实我也在想，让孩子们做又有何不可呢？以前学校的捐助活动，往往也是学校出一个通知，然后班主任组织学生捐钱，这样做的弊端一个是学生实际上是在被动地接受教育，还有一种常见的情况是有些班主任容易有攀比心理，将自己班捐款的多少视为自己的工作业绩，甚至出现强迫学生多捐的情况。而如果将整个事情都交给孩子们来做，一方面孩子们主动成为教育者，参与到教育活动中来，同时更保证了捐助活动的自愿性，另一方面，由于孩子们的热情很高，有可能捐助效果还会比学校包办的好。

吃过午饭后，我正巧又碰见了杨校长和徐主任，我向他们谈了我的想法——捐助活动让学生来做。杨校长很赞成，并建议马上将昨天德育处发的捐助通知改成学生会、团委的名义，让孩子们自己来做这件事。

第二天，捐款通知上的落款已经改了，成了工会、学生会、团委、少先队的联合通知，看来学校真的是要将这事交给学生办了，可是，事情并没有任何实质性的变化。

昨晚上晚自习的时候，我就看见 Spiderman 正在写周记，刚开了个头，我看见题目是《盐外捐款记》，我以为这个平时刁钻古怪的孩子这次一定是受到了什么震撼，心中不禁有些自得。

过了一会，孩子写完了，我说："我能看看吗？"

孩子说："你不会揍我吧？"

我笑了，同时也知道，他写的内容可能跟我想象的并不一样。我拿过来，文章大致是这样的：

抢　"海　啸"

——盐外捐款记

……我们提出捐款并向全校倡议，大家说干就干，联合初二（6）班一起提出倡议，贴在窗板上，事情办得风风火火，半天时间，窗板前就人山人海了。

就在事情即将圆满成功的时候，半路上杀出个程咬金，德育处的领导们杀了出来，他们在旁边贴出一张像校告一样的东西，大体是命令我们把钱送到德育处，这样，大家精心策划的捐款的果实被德育处"抢夺"了。

班里的同学很气愤，全校同学又觉得很无聊，一切都又变得死气沉沉了。第二天，又换了一张，这张更夸张，署名我都记不清了，反正不少于五个（其实是四个），终于，轰轰烈烈的捐款成了一出闹剧。……

索性，我把这篇周记在课堂上念给孩子们听。大家的反应比我预想的强烈得多，很多孩子表示不喜欢学校这种感觉是摊派一样的捐款行为，甚至觉得是学校侵犯了他们的"专利"。

我告诉孩子们，我也并不喜欢这种做法，但是学校的想法无非是想以此代表学校的教育成果，无可厚非。但是孩子们仍然没有被说服，说什么的都有，终于，负责收钱的 Vivian 说："夏老，干脆这样！我们班只交三块钱，每人一角！"

她的意见居然得到了大多数同学的响应，教室里喊成一片，我无言。

我在想：学校是否侵犯了学生的权益？或者说：学校这种从管理角度考虑问题的做法是不是对学生源自内心的爱心造成了伤害？孩子们主动募捐是一种形式，学校统一募捐也是一种形式，但是，这两种形式，在孩子们眼里，却有本质的不同。

沉吟一会之后，我说："我已经将这事的经过发到了教育在线论坛，周末你们回家的时候，可以去看看，并且在网上发表你们自己的意见，不妨和全国的老师同学展开讨论，另外，你们的意见我会转告学校。"

昨天晚自习，孩子考英语。

考完以后，我示意孩子们安静地坐下。待安静之后，我在黑板上写了几个大字：

九八印尼排华。

然后我问："知道这事情的同学请举手。"

二十九个孩子中，有五个孩子举了手。我又问："谁能说说这事情的经过？"

Richard 说："那些暴徒杀人，抢中国人的店铺。"

文静可爱的语文科代表 Damary 说："那些人对妇女做的事情更残忍。"

我说："的确是。"面对其他孩子惊异的眼光，我讲述了1998 年排华事件的大致经过，最后加上了一句："那些暴徒，不亚于南京大屠杀中的日军。"

我还告诉他们，这两天我因为这件事情也和一些老师有争论，但是在告诉他们我的观点之前，我还是想问问他们，应该怎么看这次捐款事件。孩子们的可爱让人动容：很多孩子都说应该"以德报怨""我们不能像暴徒一样冷血"。

我告诉了孩子们这几天我和在线的老师争论的主要分歧，也给孩子们讲起了那个不向提裤子的人开枪的故事，还讲到了特蕾莎嬷嬷，还讲到了在国界、民族、意识形态之上的，那个"人"的概念。

最后，我说："在这个世界上，有一件最起码也是最困难的事情，那就是：做一个人。"

我们班的捐款，仍然建立在自愿的原则上，下晚自习之后，孩子们纷纷捐款，我也将我的捐款交给了负责的 Vivian。

第二天早上，Vivian 拿着钱来办公室："夏老，捐款一共 425 元，交给你。"

我说："不，交给 Mary，她将代表学校去红十字会捐款。"

本来，我打算星期六开班会来结束这次捐款事件的，之所以要等到周六，是因为我在等一些东西——这周孩子们的周记。昨天，周记就阅完了，我心里有了底，于是，决定今天晚上自习课就提前将班会开了。

晚自习之前，照例是学生的诗词鉴赏，今天轮到 Peter 了，我一看黑板，上面竟然是那首人人都知道的《春晓》，我笑了。

孩子讲完之后，我照例走上讲台作点评，我说："这首诗大家都是从小就读过的，也许是很熟悉了，但是今天我看这首诗，却有一种异样的感觉：孟浩然春晓醒来之后，不仅被动地听到了鸟的鸣叫声，还主动地想到：昨夜的风雨，是否打落了很多花儿？我想，这种看似平淡的关切，也许就不是人人都能做到的了。就像古人说的一样——仁者爱人。"

说完，我将这几个字写在黑板上，又继续说："也许，当我们做一些事情的时候，能够像孟浩然想到花儿一样，多想想别人，世界应该会更美好吧！"

紧接着，我说："今天，校长召见我了。"

孩子们骚动了起来。

"猜猜因为什么事？"

"捐款！"孩子们反应很快。

我笑了："那么你们能猜到我们谈了些什么吗？"

孩子们说什么的都有，有的说指责，有的说批评，也有的说妥协，等等。

我说："今天，杨校长跟我谈了一会。她说，没有想到我们的同学对捐款的事情这么热心，更没有想到我们的同学对捐款的形式这么在意。"

孩子们渐渐安静了下来，我接着说："其实我也没有想到，当我第二天看见 Vivian 在教室里认真地收捐款，而地上摆着早已做好的捐款箱的时候，我很感动。但是，事情的发展好像跟我们的预料并不一致。现在，我们捐了款了，捐给学校三块，真正的捐款捐到了红十字会，而此时此刻，我想给大家念些东西。"

我拿出了几个周记本，先念的是 Clara 的：

……这次捐款的倡议是我们班发起的，大家都非常积极，几个同学甚至牺牲了休息时间来为"倡议书"做策划……其实我们班也不是为了争什么名利，只是真心想为灾区尽一点微薄之力罢了，不管这次"捐款风波"最终会怎么样，我们帮助灾区人民的心都是真诚的。

Antonia 的周记是这样写的：

……但是，我还是希望大家能有一个全面的认识，不管是这件事还是以后发生的什么事，都不能走极端，应该能找到一个更好的解决办法来解决问题，多看到学校或者别人的难处，其实只要大家都有这份心，目的就达到了，也就受到教育了。

Tammy 的周记里这样写着：

……我觉得，捐三元钱，是因为我们想让学校对他们的做法做个"检讨"，表面上看是我们出气了，爽了，但是，其实我更赞同 Richard 的观点（Richard 坚决反对捐三块），他把问题看得更长远，不限于表面的状况。我明白，你毕竟是班主任，我们做什么都要通过你，你虽说完全按照大家的意见办，但是，我觉得这样做对你……

周记念完了，不同的孩子脸上的表情都不一样。我接着说："今天，我还带来了网上几个老师对我们的评价，大家不妨也听听。"

抗议？抗议什么呢？如果学校的引导组织真是被叫抢"海啸"，那这个班的爱心是不是要打折扣呢，是不是真的因为自己的第一就体现了爱心呢？

在学校学生会等组织的活动中只捐三元？而自己又单独以本班的名义再捐款？这是爱心，还是个人名利？我觉得这也是为了显示自己的与众不同吧！

要做就要做别人没有做过的？！呵呵，否则……

孩子们似乎有些不满，脸上有点不高兴了。我继续念下一个：

请问受学生爱戴的夏老师：作为一名教育工作者，难道我们仅仅只去信赖自己所教的学生吗？

难道我们可以质疑其他孩子和老师的真诚捐助吗？

难道对于有同样初衷的爱心捐助需要用抗议的形式来表明吗？

难道学校老师和领导们的捐助行为也是被迫的吗？（不是也有不自愿而没捐的吗？）

难道我们李镇西老师的捐助也是不自愿的？

难道学校政教处真如学生所说在抢"海啸"，将钱卷入自己的腰包吗？

难道这样的捐助行为真能成为学校评选先进的政绩吗？

难道真心单纯的人性最本质的善良非要选取对自己胃口的形式吗？

我只是想说作为一名教师我们应该学会博爱，更重要的是要教会学生博爱！我们有时不也感叹学生很冷漠无情吗？（也许是孩子一时的不懂事。）

如果我们真心捐助又何必计较这些无聊的细节！

让我们和学生都在平静而自然的生活和学习中学会理解，学会宽容，学会尊重，学会做人吧！

孩子们好像有些不赞同，我说："还有"

重要的是我们高二（3）班的孩子们，是否认真审视过倡议这次活动时的内心真实的初衷。

重要的是我们能否在纷繁复杂的世象中，引领我们的孩子体验与坚守人类高贵的悲悯情怀。

重要的是我们能否让孩子坚信：不管世界如何给我们困扰与考验，有多少丑陋与卑微，我们都必须坚守我们内心一些高贵的情感，并深信世界会因我们的存在而改善。

重要的是高二（3）班的倡议要引领什么，如何让这次引领活动有效地实现！

高二学生正处于意气风发的青年时代，应该有一种面朝目标，尽善尽美，坚韧不拔的毅力、智慧与技巧。

然后我补充了一句："这是咱们果丹皮校长的跟帖。"

学生有些诧异。

我接着说："这几个帖子，是对我们的做法持不同意见的，现在，钱已经捐到红十字会了，我们给学校也只捐了三元钱，但是，从上星期起，我就一直在想一个问题：我们从这件事情上得到了什么。"

孩子们都沉默了。

我说："我觉得，从这件事情上我们至少有两个收获：1. 充分展示了我们班同学的爱心；2. 充分展示了我们班同学的凝聚力和组织参与能力。但是，当一切尘埃落定之后，当我们面对这些批评的时候，我们是否也应该想想，我们是不是有更好的方式？"

"这次捐三元钱的事情，其实我们每个同学都明白，这是一种无声的抗议，但是，是不是任何事情的解决都必须通过抗议的方式呢？"

有孩子说："抗议！"

我笑了："我恰恰是说比抗议更好的方式啊！"

有几个孩子小声地说："沟通。"

我笑了："我喜欢这种方式。"

于是，我给他们讲了《圣经》里通天塔的故事，然后说："没有沟通，人类就无法合力完成任何一件事，而很多矛盾和分歧甚至纷争，也是由于缺乏沟通或者沟通方式不对而造成的。于是我在设想：假如我们事先能有效地和学校沟通，会怎么样？"

有孩子说："没用的，学校已经决定了！"

我说：

"我并不这样认为，因为在没有结束之前，任何事情都有可能，而更重要的是，凭空想象学校不会接受我们的意见，并不能成为我们不沟通的理由。

"其实，当大家说捐三元钱的时候，我并不赞同，而且，我要驳回这种意见也很容易，但是，我想让我们同学自己去选择自己的方式，在选择之后，再来进行对比。我很高兴的是，刚才那几位同学能对这件事重新进行深入的思考，就像孟浩然醒来时想到花儿一样，我们在做决定的时候，能否也多想想其他的方面呢？"

有孩子似乎有些同意。

"我们都是跨世纪的一代，咱们这一代人，崇尚个性，这并没有错，但是，个性的展现是不是就一定要和团队的决定相违背呢？我想起美国三角洲特种部队对队员的要求：我们需要的是有团队精神的合作者，而不是只顾自己个性的超人。而且，团队本来也是一个相对的概念，咱们班是一个团队，学校又何尝不是一个团队呢？"

要下课了，我接着说："大家都长大了，很多事情，都会需要大家自己做决定。黄色的树林分出两条路，不管你选择哪一条，都对你一生有着深远的影响。我刚才说，咱们通过这次事件，有两个收获，但是我很希望咱们还能有第三个收获——展示自己的个性，尊重团队精神，学会通过沟通来解决我们的大部分问题。"

语毕，孩子们个个若有所思。我想，他们一定收获不少。

巧妙的说服远胜于枯燥的说教

　　负责女生公寓的生活老师余老师是一位十分认真敬业的老师。因为我的男性身份，不大方便到女生公寓，于是，女生公寓的很多情况，我都是通过余老师了解的。我们经常用短信或者电话的方式互相交流和分享对孩子们的教育。

　　前天，我正在寝室，余老师给我打来电话，告诉我这两天女生寝室有些不对。事情的缘起是这样的：YSY 与 LR 以及 HX 在一个寝室，根据她们的申请，学校批准她们寝室为学习室，也就是说，可以在晚上 11 点钟熄灯。但是 YSY 与 HX 学习抓得很紧，常常觉得时间不够，因此洗漱时间就安排得比较靠后，而

LR 生活作息很规律，11 点钟必须睡觉，于是觉得她们两个影响了自己的休息。以前孩子们就有些小矛盾，但是这段时间矛盾加剧了，几次发生争吵，甚至说要搬寝室。余老师进行了劝解，但是好像没有太大作用。于是余老师将此事告诉了我，想请我帮助一起沟通。

放下电话之后，我在下午下课的时候先找到了 LR 了解情况，她说的跟余老师所说的基本一样。我问 LR："你感觉如何？很烦闷吗？"

她说："有时候我因为这些睡不着觉，很烦。我们说好的是 11 点准时睡觉，但是她们总是不能做到。"

我点头，当个认真的倾听者。

孩子继续说："还有，YSY 睡觉会打鼾，有时候即使我睡着了也会被吵醒，弄得我下半夜都睡不着。"

"哦？"我问。

"其实，我还是很想大家能够相处好的。"孩子很真诚。

我笑了："这我相信，昨天余老师把你们寝室的事情告诉了我，我就想这其实是正常情况，我会再找其他的同学了解一下，帮助你们互相沟通，你们也可以自己沟通，好吗？"

孩子答应了。

晚自习的时候，我找到了 HX，向她询问她对这件事的意见。HX 是个很随意的孩子，她说从她来看其实没有什么的，只是寝室里面的一些小摩擦而已。我肯定了她的理智和洒脱，又问她，觉得老师是否有必要介入，HX说其实用不着老师，她们自己能够解决的。

HX的看法其实和LR是一样的，都觉得事情很小，不值得老师出马，但是，下晚自习的时候，YSY找到了我，说："夏老，我能耽误你一会儿吗？"

"当然可以，"我笑了，"其实我正想找你呢。"

我们到办公室，孩子坐在我对面，开始说起来。她觉得LR对别人的要求太高了，以自己为中心，有时候她要睡觉的时候还没有熄灯，于是，连寝室里她们学习的时候笔在纸上的沙沙声都不能忍受。"还有，"孩子有些不好意思，"我睡觉打鼾。"

我笑了："我也是，很吵人的。"

"真的？"孩子问。

"是。"

"于是她经常晚上把我叫醒，弄得我下半夜也睡不着。HX说其实推一下我的床我就会不打鼾的，但是她每次都是把我叫醒。"孩子有些委屈。

"你觉得事情很严重吗？"我问。

"有些严重。"孩子回答。

"我已经跟LR和HX了解了情况，我感觉，她们都和你一样，真诚地想解决问题，我想这就是最好的。"我说。

"但是，你们的问题也许是沟通比较少，彼此的体谅好像还不够，但是有一点你应该明白：共居一室，矛盾是难免的，也是正常的。"

孩子走了之后，我想，在这种寄宿制学校，孩子有矛盾肯定在所难免，但是，我也应该抓住机会，引导孩子们学会尊重他人，尊重自己。于是，我决定在周六的班会上讲一讲。

班会课之前，我将 LR 叫出教室："待会上课我可能要说一些东西，但是不是批评你们，也不是针对你们，而是想帮你们沟通，好吗？"

孩子答应了。之后我又叫出 YSY，把同样的话告诉了她。

上课了，我走上讲台："记得以前我跟大家讲过古代建筑，我们提到，传统建筑的大门，很多有钱人家都要修一个……"

"照壁。"

"对，现在在一些寺庙前面都还有。我们也说过，其实修建照壁真正的原因是为了什么呢？"

"挡住外面人的视线，不让他们看到大门里面。"孩子们回答。

"对！在相传是鲁班写的一本据说是中国最早的建筑学著作中，提到了中国古代造房子的一个大忌，就是两家的门不能够正对着，作者说，如果这样的话，对家庭不好。其实如果用现在的观点来解释，无非是家门正对，对方大门之内的事情一览无余，容易引起矛盾，所以现在我们住单元楼，总是一进家门就马上关门，生怕被别人看见。"

孩子们笑了。

"有一个很有趣的寓言，说在冬天，一群豪猪很冷，于是聚在一起，用彼此的体温取暖，但是刚一接近，就被彼此身上的刺逼开，然后又感觉到冷，再聚在一起，又再被逼开。最后，它们终于找到了一个合适的距离，既能取暖，又不被扎。其实人也是这样，距离为什么能产生美？在很大程度上是因为距离保护了彼此的隐私，给人安全感，而当自己的隐私被侵犯的时候，人连安全感都没有，何来美呢？"

"你们觉得你们现在有足够的隐私权吗？"我问。

孩子们摇头。

"的确，集体住宿的最大的弊端就是侵犯了人的私密空间。住在一个房间里，吃饭睡觉都在一起，连说梦话都有人知道。"

孩子们笑了。"还有打鼾！"有孩子说。

我也笑了："对，还有打鼾，不过说到打鼾，我想起了两个故事，与打鼾有关的。"

"一个是去年我在报纸上看到的一个案例，"我继续说，"一个人到外面住旅馆，晚上睡觉的时候遇到一个打鼾的，吵得他一直睡不着觉，于是，这个人愤怒之下，拿起一把铁锤，把那个打鼾的人给杀了。"

孩子们震惊了。

"另外一个故事，是关于某著名作家的。有一次，这个作家到外地开会，也是与另一个人同住一屋。半夜的时候，他睡醒了，看见那个人在阳台上坐在椅子上抽烟，于是这位作家问他为什么还不睡，那个人的回答让他大为感动：'我睡觉打鼾，经常影响别人，所以我想等你睡着了之后再睡。'"孩子们惊讶了。

我继续说："同样是打鼾，不同的人的处理方法竟会如此的不同，这应该引起我们的深思。

"寝室生活，因为私密空间的狭小，所以产生矛盾是十分正常的，但是，在产生矛盾的时候，我希望每个人都能多替别人想想，这绝对不是退让。敬人者，人恒敬之。感情，不管是爱情还是友情，都是付出之后才有回报的，有时候这种回报远比你的付出多得多，比如这个作家遇到的那个打鼾的人，那个人尊敬他，同时也获得了他的尊敬，他还专门为那个人写了篇文章。

"所以，我们应该正确看待这种矛盾。而矛盾产生的原因有两个，一个是私密空间的狭小，另一个是大家的背景、性格、生活习惯的差异，至少在我们班上，我不认为这种矛盾与谁的道德品质有关，而且我很高兴地看到，我们有些有矛盾的寝室，对解决矛盾都抱着一种十分真诚的态度，没有谁觉得自己是天下第一，而是都替对方着想的，只是在沟通上可能还不太畅通，难免有些误会。的确，同学之情是珍贵的，想象一下：十年、二十年之后，在街上遇到老同学，该是一种怎样的激动啊！如果还是住一个寝室的，那可就更激动了。古人有首《四喜诗》，讲的是人生四大喜事，其中一个就是他乡遇故知。再推而广之，上大学之后，如果在外地读书，见到一个四川人可能都会觉得十分激动，如果以后你们出国，见到一个中国人那也是倍感亲切，如果是到外星球，好容易看见一个地球人，你肯定会高兴得大叫：'哇，哥们，我也是从地球上来的耶！'"

孩子们大笑。

"所以，我相信同学们是能够充分替别人着想，好好面对矛盾，并解决矛盾的。清代有一个官员在京城做官，他家乡的亲人因为修房子，与邻居发生了矛盾，都想把自己的墙修得靠外一些。双方争执不下，家人给他写信，想让他出面，让邻居就范。他回了一封信，只有四句诗：

千里修书只为墙，

让他三尺又何妨！

万里长城今犹在，

不见当年秦始皇！

"后来，他的家人听从了劝告，主动把墙缩回三尺，对方一看，觉得不好意思，也把自己的墙缩回三尺，于是，就留下了一条六尺宽的小巷。据说，这条小巷到现在都还在，并被传为了美谈。"

惩罚真的有用吗？

一

从生活老师口中得知我们班的三个男生中午可能在寝室打扑克的时候，我的感觉几乎可以用"震惊"来形容。

开学以来，从生活老师处了解到的都是孩子们如何好学如何乖之类的表扬，在公开和私下的场合，我也多次对这学期孩子们的进步提出了表扬，但是没想到，开学一个月，有些孩子就故态复萌了。生活老师说，当她敲门的时候，孩子们已经把"罪证"收拾好了，但是她可以肯定他们在打牌。因此，我的第一个任务，是要搞清楚他们是否在打牌。

晚自习的时候，我把几个孩子叫出来，其中两个大概已经意识到了我找他们干什么，不敢直视我的眼睛，我心里就已经有了底。

"中午是怎么回事？"

"没怎么啊，"一个孩子若无其事地回答，"我们只是在聊天，生活老师就说我们在打扑克。"

我看着孩子的眼睛，慢慢地说："开学这么久了，我看到了你们的进步，我也说过，人的进步要靠自己的真诚。我很希望这次是生活老师误解了你们，但是你们自己想想是吗？一个真正的人，会将每一次错误都当成一次机会，一次正视自己、改正错误的机会……"

过了一会，孩子们终于说："我们错了，我们是在寝室里面打牌……"

我轻轻地说："谢谢你们的真诚！我相信你们经过这次事情之后，以后能做得更好。那么这次事情，我有两个要求：1.回去之后，将扑克交给生活老师，并向老师承认错误；2.接受班上的惩罚。"

孩子们答应了，我和他们一起回到教室，我走到讲台上，向全班同学通报了这一事件，然后说了我的处理办法："大家都知道，我们班并没有制定详细的班规，因为我相信每位同学都知道作为一个学生应该怎么去做，而这次三名同学违反了校规，在学校方面，他们将向生活老师承认错误，而在班上，我们也必须要给予他们一定的惩罚，但是，这惩罚，由你们说了算！"

学生有些吃惊，我继续说："因为这个班集体是我们大家的，每个同学对违反纪律的行为都有监督权，而我们的集体更是对违反纪律的同学有处置权。因此，对这几名同学，希望班委在商量之后，征求全班同学的意见，决定对他们的惩罚。但是希望注意一个问题：惩罚应该是善意的，你们决定之后，我将不会对你们的意见进行任何干涉。"

第二天，我问班长："你们决定了吗？"班长说决定了，让他们三个扛两个星期的水（盐外学生教室有饮水机，每个班都安排有学生到总务处去扛矿泉水），我说这惩罚倒是有意思，因为我们班只有 5 个男生，平时他们 5 个人就已经将扛水的活包下来了，这惩罚其实相当于没有。但是我想，惩罚也许并不是目的。因为我知道他们的确将扑克交给了生活老师，并向老师承认了错误，我想，这事的目的就已经达到了。

"其实有些同学很顽固不化的！你如果不严厉惩罚他们是不会改正的！"

这是我 01 级的一个学生亲口对我说的话。也许是自己的性格比较闲散吧，当班主任多年，我并不热衷于对学生采取人盯人战术，也不喜欢用太严厉的手段对犯错误的学生进行惩罚，上面这段话就是那个十分珍视班级荣誉的孩子在目睹了一些学生对我阳奉阴违之后，出于真诚的进言。

可是有时候我又在想：人又有几个不是这样的呢？难道严厉的惩罚就一定能起到作用吗？首先，"严厉"的标准如何界定？在具体操作的时候，尺度又如何把握才不至于将惩罚作为老师泄愤的手段，才能不对孩子的健康成长起到负面作用？我觉得我不是一个善于掌握权力的人，也许是因为在我的心目中，惩罚学生并不是班主任的权力。

我一直认为，惩罚只是手段，而班主任很多时候并不能保证这种手段的使用一定正确，当面对犯错误的学生的时候，班主任的重点应该是放在教育而不是惩罚上。如果惩罚不能起到应有的作用，那么还不如不惩罚。

二

一天下午，我从办公室走出来，到教室外去巡视的时候，发现靠窗的两个孩子在睡觉。

我示意前面的一个同学叫醒他们，一个孩子醒了，另一个醒来一下又马上趴到桌上，我只好亲自伸手在他肩上拍了一下，把他叫醒。

晚自习快上课的时候，我站在教室里说："请下午两位劳累过度的同学跟我出来一下。"

我走进办公室，两个孩子站在我面前，我问："怎么回事？"

一个孩子说是教室太热了，另一个孩子说中午没有休息。两个孩子都说这是第一次，以后绝对不会了。

我说："是不是第一次我并不关心，正如我不关心你们以后是否还会这样。因为，我只对这一次就事论事，而每个人都必须为自己的所作所为负责。"

我说得很轻，旁边的老师可能都听不见。

我告诉他们：

"我不愿意责骂你们，因为我觉得一个人最重要的，是尊严。

"一个人和动物的最大区别，是人能够运用理智战胜情感和肉体，而动物只是纯粹的生理行为。我知道你们累了，但是那也只是你们自己的问题，自己的问题必须自己解决，如果做错了，就必须为此承担责任。"

说了一会，两个孩子都认识到了自己的错误。我说："这事情还是必须有个了结，那你们说说，该怎么样惩罚你们呢？"

两个孩子都不说话。

我说："这样吧，你们说说如果是你们初中的老师发现你们睡觉，会怎么样惩罚你们？"

一个孩子回答说："他会不管我们。"

我笑了："那我可以认为他不负责任了，当然，一个老师要管几十个学生，如果他这样，实际上就是把你放弃了。"

孩子点了点头。

"那么如果老师惩罚你们，你们会怎么做呢？"

一个孩子说："我们有自己的办法。"

"什么办法？"

"我继续睡觉，气他！"真是很孩子气。

我又笑了："于是你认为自己赢了，但其实是你输了，而且输得很惨。"

孩子点了点头。

"知道吗，我当班主任的信条就是，我必须保护你们的尊严，因为我不希望我的学生在中学学会的是阳奉阴违，是虚伪和狡猾。所以我不愿意用那种看似很严厉的办法来对待你们，更不愿意骂你们，虽然那样见效比较快，但是那是我的底线。一个人，如果只有在监视和辱骂之下才能够学会该怎么做，其实是很悲哀的。"

孩子点了点头。

"所以，回到我们刚才的问题，我保护你们的尊严是一回事，但是这事必须有个交代，你们说，该怎样惩罚？"

孩子不明白我的意思，没有说话。我给他们讲了我在盐外当班主任时让学生投票选择对犯错误同学的惩罚方式的事情，然后说：

"我觉得惩罚只是一个形式，关键是你们自己内心是否能自省，是否能转变。如果你们不说，那就我决定了：明天夕会的时候，你们每个人写一篇检查。对班上同学做检讨，好吗？"

孩子点头。

我继续说："还有，你们两个给全班唱一首歌，怎么样？"

孩子大概没有想到唱歌居然是惩罚，连忙点头。

我笑着说："别高兴得太早，以后再这样，没准我就叫你们伴舞了。"

孩子笑了，我让他们回教室，一个孩子站住了，看着我身后今天刚来的实习老师问我："夏老，你还教我们吗？"

我笑了："当然，这位钟老师是来实习的，你可别以为就可以逃脱我的'魔掌'了！"

教育的真正目的

一

开学没有多久，一天，我正在办公桌上积极务虚，旁边来了一个人，抬头一看，是个女孩子，拿着一张什么纸，无限谦虚地问："请问您是夏老师吗？"

我实事求是地做了回答，她把那张纸拿给我看："我是刚来的实习生，教务处安排我跟您实习。"

我接过来一看，果然上面盖着教务处的鲜红大印，内容无非是某某同学跟某某老师实习，请予以协助之类。我尽量伪装出老教师的样子，很庄严地点了一下头，接着问她是哪个学校的，结果得知竟然是我的校友，当然也就算是师妹了。于是，这个我后来总称为小钟的实习生师妹就开始跟着我实习了。

开始当然是听老教师讲课。第一节课后，我很谦虚地向她征求意见，谁知道人家很不客气地说："好像与学生互动少了一些。"

我心里一惊，原来现在大学与时俱进，居然也要讲互动什么的了。不禁对我们目前的高等教育肃然起敬，也不敢把她当成个实习生看了。并且在心里暗自下了决心，现在的实习生可不是那么好哄的，下节课一定要与学生互动一下。

第二节课下了之后，我几乎是有些忐忑地向实习生征求意见。终于，这次她没有说我互动不够了，甚至对这节课的互动做出了很高的评价。我松了一口气，过关了！可是转念又一想：到底是她实习还是我实习啊？！

几节课听下来之后，该她上课了，小钟很谦虚地问我应该上哪些课文，我说："你想上什么就上什么吧！"小钟有些诧异，我说："反正我上课也是不着边际的，想上哪里上哪里，所以你干脆在教材里面找一些你喜欢的文章上，不过，最好能在几个单元中挑选一下，尽量多上一些不同类型的文章，对自己把握课文有帮助。"

第一节课上下来，感觉不是太好，不过想来应该比我实习时第一节课好多了，我告诉她我实习的时候，第一节课，黑板上只写了五个字，其中就有三个错别字。

实习还没几天，在晚自习的时候，就让小钟见识了我的金刚怒目，原因就是我收缴了 ZHK 的 MP3，那小子跟我大吵大闹，差点没法收拾。后来小钟对我说，当时她很害怕，生怕那孩子会出什么事。我胸有成竹地说绝对不会，我就是要让他难受，知道自己的问题所在。后来我才知道，第二天，小钟自己找到孩子，跟他谈了一个中午，内容我没有具体打听，但是，有一个无可辩驳的事实就是：这孩子开始变了。

后来实习老师的课没上几节，就遇上了我们的军训。我不禁有些内疚：人家本来是想来多上几节课的，这下一个星期的时间就泡汤了，于是我反复解释中小学生军训是教育部的规定，与我无关，并诚挚地表达了我的无限同情和遗憾。

军训结束之后，生活继续，小钟又回到了孩子们中间，继续上课。有一天，我在班上说事情，班长说："这事我跟弘姐说一下。"我问哪个弘姐？她说就是实习的钟老师啊！

有实习生的日子是比较幸福的，至少有些事情她替我分担了，诸如批作文之类。作为老教师，我还在实习生工作的时候跟她开诚布公地就关心和不关心的国际国内大事交换双方的意见，她对我说现在大学生就业的艰难，竞争的激烈，我给她隆重介绍李镇西、干干、铁皮鼓、毓君、东方雪等名流和无名之流，并向她强烈灌输我的满堂灌理论，不放弃一切机会与现代教育理论作对，给年轻人洗脑。直到她说已经到了无比仰慕铁皮鼓的时候我才发觉事态严重，及时打住了介绍的势头。

一个多月的时间过得很快，小钟说，后天他们就要走了。我叫班委用班费给小钟老师买一件礼物，实际上，在此之前，已经有很多孩子自己给小钟老师买了礼物送她了。

今天下午的行知课，我给班长 WD 吩咐了，说待会她代表全班把礼物送给小钟老师。

诗词鉴赏结束之后，我走上讲台："同学们都知道，我们的实习老师钟老师就要回到学校了，在这一个月的实习中，她和我们全班同学结下了深厚的友谊，以至于我们很多同学都叫她'弘姐'。"

孩子们笑了。

"因此，我们全班送她一件礼物。"

孩子们热烈鼓掌，WD 走上来，把礼物双手捧给小钟，小钟正要说话，冷不防 WD 伸开双臂，给她来了一个热烈的拥抱，孩子们掌声再次响起，坐在后面的 WCH 大声说："别忙！"急急忙忙地跑上讲台，把他自己买的一件包装精美的礼物送给小钟，下面的孩子一起起哄："拥抱一个！"

WCH 想下来，旁边的孩子不让他下来，于是他匆匆忙忙地举手做了一个类似敬军礼的动作，在大家的哄笑中跑了回去。

小钟走上讲台，才说了几句话，坐在第一排的西藏学生西热加措站了起来，出乎大家的意料，他把一条洁白的哈达挂在了小钟的脖子上！

下课了，小钟双手抱着礼物和我一起回到办公室，我笑着说："我都有些嫉妒了。"

后来我说："当老师，最幸福的，也许就在此。"

二

在一次班会课上，我以"教育的目的"为主题作了一次演讲：

曾经有人开玩笑说："学校的班主任是最没有权力的'官'。"想来也是，成天在孩子堆里打滚，挣不多的几个钱，可谓名不副实。可是我却认为，班主任又是最有权力的一种"官"。没有掌握人事权，掌握的却是孩子们的人生；没有掌握财权，掌握的却是无数家庭的幸福。而没有什么，比这种权力更大的了。

我不是完人，正如你们也不是一样，无法承担如此重的责任，所以要你们和我一起承担，而这些权利和义务，本身就是属于你们的。

当下，很多人依然缺乏独立思考的精神和明辨是非的能力，不懂得该如何维护自己的正当权利。但是我想，如果我们从中学开始就清楚地知道自己享有哪些权利和义务，也许以后以极端的方式来维护自己权利的悲剧就会少一些，遇到他人有难却不愿意伸出援手的悲剧也要少一些。

作为一个人，应该想到自己是顶天立地的，这里并不是说你要怎么出人头地，而是说你应该明白作为一个人具有的尊严和权利。当有一天，你们会自觉起来反对我这个班主任做出的不正确决定的时候，你们能因为我的处理失当与我"对着干"的时候，恭喜各位，你们就具有了一个真正的人应该具备的素质！

而权利与义务，也是相生相伴的，没有只享受权利的义务，正如没有只需要付出义务的权利。我欣赏这么一句话："天下兴亡，不能说匹夫有责，天下兴亡，就是我的责任！"不管是班级还是社会，都需要大家主人翁式的参与，而不是屈从，而这种参与，前提也应该是明白自己的义务。我们班没有什么复杂的班规，也没有制定严格的处罚措施，因为我相信，在经历了十多年的学习之后，大家都明白什么是应该做的，什么是不应该做的。当进入这个集体的时候，就意味着你将为这个集体的发展和强大尽你自己的义务，正如你应该享受作为这个集体一员的权利。

而我的想法，是想将大家培养成古人所说的能做到"慎独"的那种自觉的人。如东汉的杨震一样，当行贿者告诉他此事"无知者"的时候，他能说："天知，神知，子知，我知。"我不信仰宗教，但是当我们自己无法保证自己的信仰的时候，我倒是宁愿相信"举头三尺有神明"。

我们的教育，不是培养顺民，而是培养能自省的觉醒了的公民，让我们一起努力！

选举与公民教育

上星期，选举学校优秀干部。

照例，我还是把这事交给班长、副班长处理，选举结束之后，两个孩子怨愤不已地来找我："夏老，你看，他们在干什么嘛！"

我问："怎么了？"

"班上 64 个同学，只有 33 张选票，而且很多是乱填的！"

我拿过他们给我的选举结果，看到很多人根本不是学生干部，但是却赫然名列其中，而且有几个是班上表现最差的学生的名字。我看了之后有些发火，因为这个名单马上就要交了，于是我说：

"这种选举肯定是无效的，但是时间也紧

迫，这样，如果我们同学不能珍惜自己的民主权利，我就只有采用专制了，我指定：这个名额就给 WD 了！"

我把表格递给 WD，叫她填好，我签字之后交上去。

几天后的晚自习，班长、副班长又找到我："这个选举要今晚完成。"

我拿过一看，是新都区关于评选"新三好"的通知，我说："这事我差点忘了，这样，最后一节自习课的时候我们进行选举吧！"

两个孩子有些为难："要不还是您去镇下场子吧，不然又搞成上次那样就不好了。"

我说："我是应该去说一下。"

第三节课，我走进教室，对孩子们说："前几天我们搞了一次选举，但是选举的情况我很不满意！"

我把我的理由说了一遍，继续说：

"一个民主社会，首先需要的是社会的成员有民主意识，而民主意识很重要的一个方面就是尊重自己的权利，特别是选举权。

"很多同学把神圣的事情当儿戏，把自己的权利当玩物，这样难道不是素质低吗？

"这几天看书，看到苏三的《偏执批判》里面的一句：'有什么样的国民就有什么样的体制。'这话看着很刺眼，但是你又不能不承认她说的有道理。如果我们都把自己的民主权利当儿戏，那么民主进程难道还会有希望吗？

"所以，今天的选举，我希望同学们能认真对待，我曾经说过：我希望我们培养出来的，不是顺民而是公民，而成为公民的一个重要条件，就是明白自己的权利，而选举权，就是其中最重要的权利之一。我希望大家能够慎重对待自己手中的纸和笔，中国人有句话：'举头三尺有神明。'就是要大家能够对得起自己的良心，其实，这也就是在尊重自己。"

之后我讲了选举的一些具体细节，然后我照例去办公室回避了。

十多分钟之后，班长告诉我选举结束，我问他结果，他说好像是 LZHL，我说按照正常要求宣布。班长回到教室，我隐约听见他宣布结果，最后一句说：

"如果大家对选举有什么异议的话，这些原始选票我们将保留到明天下午，欢迎大家检查！"

我走进教室，这时候发现票数最多的其实是 WD，看来刚才班长对我说的是不对的，也就是说：WD 当选了，LZHL 和她只有一票之差。

下楼的时候，我看见有一条手机短信：

"夏老，能不能再给 LZHL 一个机会，让他明天和 WD 单独选举？我是 YQP。"我思考了一下，回复她说："结果已定，再更改恐怕不合适。"我想，明天在班会课上，还应该再说一下这个问题。这次选举，据统计，班上 64 位同学，两位同学请假，两位弃权，有效选票是 60 张，应该说是符合法定程序的，孩子们开始重视选举，无论如何都是巨大的进步，但是，重视选举，更要尊重结果。

晚上从学校到家里，手机短信几乎就没有停过，是同一个号码发过来的，但是很显然是几个孩子的意思，她们对选举情况表示了怀疑，并且说这不符合"民意"，建议重新选举或者把两个同学合在一起单独选举。对这种建议，我明确表示了反对：

如果选举程序或者候选人资格存在问题，那么我可以宣布选举无效，但是如果选举程序是正当的，那么我们不能以任何人，即使是大多数人的意愿为转移，擅自修改选举结果，否则不仅是对选举的践踏，也是对自己权利的践踏。

短信"战争"一直持续到夜里十二点，最后我一个短信结束了"争论"：

"晚了，睡了，明天面谈。"

第二天上午上课的时候，我把几个孩子叫出来，她们看上去很不好意思甚至有些害怕，我请她们坐下说："首先，我要感谢你们！能够对选举结果提出自己的意见，并且'穷追不舍'，这就是你们维权意识增强的表现，更是你们关心班集体荣誉的表现，在此，我郑重感谢你们！"

几个孩子也许是不好意思，也许是意外，笑了。

"但是，"我接着说，"我不赞成你们昨天的一些观点，比如觉得结果不符合民意就要重新选举，这就破坏了选举的神圣意义。如果说你们想推翻选举结果，只能通过一个途径——质疑选举的合法有效性，比如选举过程中是否有无意甚至有意的误差、当选人是否有被选举资格等。"

一个孩子说："WD上课被老师点名了的，而且她自己也说过自己进过网吧。"

几个孩子也在附和。

我说："如果此事属实，那么她就不具备参选资格，这样一来，当选的就应该是得票第二的同学。"

几个孩子有些吃惊："这样她肯定会不高兴的！"

我说："在规则面前人人平等，关于这件事，我会找她了解情况。而我还要说的是，你们解决问题的办法很好，维权是很重要的，但是在一定程度上，学会合法维权更加重要。"

上午升旗仪式之后，我把WD叫来，将一些同学对她的质疑转告了她，她解释说，那次被点名是因为同学叫她递水杯，第一次她拒绝了，第二次实在不好拒绝，结果一转身就被老师看见了，点了名，至于进网吧，是初三的时候老师叫她到网吧去找同学，而不是自己去玩。

我说："第一，你当选有同学提出异议，这恐怕说明平时你有些事情还做得不是太好，这对你也是一个教训，我们都是生活在社会当中的，应该学会与人相处，你是班长，这一点就更为重要；第二，问题已经出了，几位同学是通过正常渠道向我反映情况的，那么现在你觉得该怎么解决呢？"

WD 想了一下，说："我有一个主意，不知道行不行？"

我说："尽管说吧。"

"我想当着全班同学的面把这事解释一下，也算是对我的工作的一个解释和交代。"

我笑了："我觉得不错，很多事情摊开了到桌面上讲，其实就很简单，坦诚能够赢得别人的尊重。"

第一节课下课，WD 走到办公室："夏老，夕会课能不能给我五分钟？"

我有些迟疑："今天的事情可能有些多……值周班委总结，评价，还有 LYJ 的生日……这样吧，你马上通知值周班委，今天不做总结了，我先给 LYJ 唱歌，完了之后你来，我也觉得今天解决这事是最好的。"我又找到那几个孩子，把 WD 的想法告诉了她们，并且说她们也可以质疑。

夕会课上，等我为 LYJ 唱完生日歌后，便对大家说："开学到现在为止，我们进行了三次选举，第一次选举班委，那时候大家还不是很熟悉，第二次选举学生会优秀干部，从选举情况看，不是很理想。昨天选举新三好，应该说，大家的表现很好，而最好的是，昨天晚上选举结束之后，还有同学对选举结果提出了异议。"

一些不知道内情的孩子脸上一片惊讶。

"也许有些同学会觉得奇怪，为什么有人提出异议还是好的。我觉得，这恰恰说明了我们的同学在自觉维护自己的权利，神圣的权利。我说过，我们的教育是培养公民而不是培养顺民的。这件事我与几位同学以及当选人 WD 同学都进行了沟通，WD 同学说，想借夕会课的时间就这事向班上所有同学做一个说明，下面欢迎 WD！"

掌声中，WD 走上讲台，手里拿着一包东西：

"我首先说一下，这里是昨晚的选票，我算了一下，我的得票和昨晚的结果是一样的，我算的时候 SHXY 和我一起，她可以做证。如果还有哪位同学有问题，我们可以再算一次。"

之后，她对同学们解释了"点名事件"和"网吧事件"，然后说："有同学说我自私，其实我也是两面的。在开学的时候我们班有同学丢了东西，从那以后，我每天都是最后一个离开教室的，自己把门窗都关好了才离开。我知道我也有很多缺点，我也愿意接受大家的批评和指正……"

WD 走下讲台，我走上去："这次事件，我特别感谢几位提出异议的同学，她们采用了正当的方式来质疑，这使我想到了我们才学过的马丁·路德·金。我相信，在我们以后的日子当中，只要我们坚持自己的权利，并坚持采用正确的方式去争取，中国就会有更大的希望！今天的夕会课就到这里，大家准备上课！"

孩子们，我想对你们说

——关于青春

每当看到你们的时候，我心里总有一种无法抑制的羡慕甚至嫉妒——因为你们现在拥有美好的青春。虽然沉重的学业令你们总觉得岁月是灰色的，但是你们可知道：奋斗的青春其实才是真正亮丽的风景，真正的美丽总是与奋斗和拼搏联系在一起的。

不要总是怀念过去，因为过去已不可重复；不要总是企盼未来，因为未来还不能把握。不要让自己的心总生活在别处，孩子，珍惜你现在拥有的时光，就是珍惜了你的青春，就是珍惜了你的生命。

——关于未来

和你一样，我也不能预知自己的未来，如同无法握住手中的沙。我只知道：未来会有风，就像过去经历的那样；未来会有雨，就像往事珍藏的那些。我知道，孩子，也许你将要经历的会比我所经历过的更复杂、更残酷，甚至更悲凉，当你离开我之后，我无法再给你更多的关心和呵护，但是我会给你一把伞，让你在以后的岁月中，多少能挡住一些风雨；我会给你一顶帽子，也许很小，但是多少能遮住一点毒辣的阳光。

——关于家

我喜欢我们教室后面的那句话：我爱我家。我们每个人都是家庭的成员，但是我绝对不是家长。当我们一次又一次走过那些以为不能走过的难关的时候，我为你们而感动、骄傲。但是也许你们以后面临的不会是永远的温暖，不会是永远的和睦，但是，孩子，记住你曾经拥有的一切，珍惜你现在拥有的一切，即使以后会有冷漠和残酷，我们至少可以骄傲地说：我曾经拥有过这样一个家，我知道一个完美的家应该是什么样子的。也许，你以后也能和你的朋友们一起建造一个家，一个比家更温暖的集体。

——关于尊重

有时候我在想，如果我与其他老师有什么不同的话，也许就是我更尊重你们。而我更希望的是：你们也能更尊重其他人。尊重是一种德行，如同坦荡的平原尊重巍峨的高山，如同谦虚的深谷容纳奔腾的河流。孩子，当你奉献出你的尊重的时候，你展示出的是你的宽广和伟岸。只有缺乏自信的人才会时刻贬低别人，只有自私狭隘的人才会轻视别人。孩子，尊重是一个砝码，当你在人生的天平上将它放上去的时候，你放上去的实际上就是你自己在别人眼中的重量。

——关于宽容

当人类经过了无聊的争斗，付出了太多的代价之后，终于知道宽容原来是一种美德了。但是我们仍然看到世界上有太多的不宽容。宽容不是放弃自己的原则，宽容不是一种无休止的妥协。宽容是发自内心对别人人格的尊重，是对生命的承认，更是对自己的尊重。当我们遇到与自己意见相左的观点的时候，孩子，不要急于想去驳倒对方，告诉自己：宽容一切可以宽容的人和事，正如尊重一切应该尊重的人和事。当你宽容的时候，你头顶不是飘扬着投降的白旗，而是闪耀着智慧和博大的光芒。

——关于友谊

对友谊的渴望是你对生活的热爱，对朋友的付出是你对真诚的解读。但是朋友其实只是路灯，只能照亮你人生的某一段旅程。每个宴席都会按时结束，正如每个宴席都会按时开始。不要苛求你的朋友能理解你的一切，因为友谊的真谛是付出而不是回报。所以，孩子，不要苛求朋友能解决你的所有问题，不要认为有了友谊人生就不需要其他的东西。让它淡淡地来，它就会好好地去，也许，自然的才是最好的。

——关于爱情

我知道那种似乎被击中的感觉，我知道那种牵肠挂肚的思念。当分别的时候，感觉天地是如此的空旷，仿佛一切都不存在。我知道那种偷眼看他（她）时的心跳，知道那种盼望下次相见的急切。爱情是一切感情中最神圣最美好的一种，当你跨入青春的大门，爱情的渴望就已经翩然而来。但是，孩子，如果它的确是那么美好，那么让它再沉淀一下吧。就让开花的季节再开花，让成熟的季节再成熟，让收获的季节再收获。其实，等待本身就是一种美，没有等待的收获，得到的总是青涩。享受过等待的盼望和急切之后，将心情沉淀下来，让一切美好在时光的流逝中慢慢发酵，变得更醇更美，被时光雕琢的爱，才是最完美的。

第三辑

换一种思维
探索

语文教师的教学自信从哪里来？

在乡村中学任教十多年的朋友曾对我说：那段日子，他最渴望的一件事便是区教研员能够知道自己，甚至能够叫出自己的名字。"那对我该是一个多么大的鼓舞啊！"朋友说这话的时候，当时的教研员也在座，我不知道他们听后是什么心情，但是我却很理解这位在乡村摸爬滚打十余年的朋友的心理，因为我和他有类似经历，也体会过那种被忽视甚至被轻视，从而渴望被重视、被尊重的感觉。

语文教师最重要的是什么？学识、师德，还是爱心？但我认为，对于很多农村学校的老师而言，最重要的也许是教学自信。首先，教育的目的不仅要传授学生知识，更要培养学生的独立人格，培养他们的独立思考能力、激发他们的创造能力。很难想象，一个教学没有自信，只能盲从权威和他人的老师如何能够做到这些。其次，由于城乡差别依然存在，农村教师的生存环境和职业地位比起城市教师，特别是城市名校教师来，仍然有很大差距，这对农村教师的教学自信无疑是一个长期存在的打击。换而言之，也正因为很多农村教师教学自信的缺乏，因此呼吁其培养并提高自己的教学自信就显得尤其重要。只有具备了教学自信的老师，才有可能在自己的教学中游刃有余，甚至做到"享受教育"，这对提升教师的生存状态，无疑也是有很大帮助的。

那么，语文教师的教学自信从何而来？

一、从坚定的专业信仰中获取自豪感

我有位老友是某校退休的英语特级教师。一次，我们在一起吃饭，在座的另一个英语教师为了活跃气氛，讲起了网上流传的一个段子：

有些学生初学英文时喜欢用汉语标音，学到"English"一词时：学生甲标记"阴沟里洗"，学生乙标记"应给利息"，学生丙标记"因果联系"，学生丁标记"硬改历史"。结果二十年后：甲成了卖菜小贩，乙成了银行职员，丙成了哲学教授，丁从了政。

老友听了这个笑话之后，一言不发。后来，竟然再也不愿和那位英语老师见面了。我问起原因，老友说：一个看不起自己专业，拿自己专业来开玩笑的人，我认为是缺乏基本的教师素养的，因此我不愿与之交往。听了老友的解释之后，我深以为然。教师执教的专业，不仅是我们的职业谋生之道，更是我们在广阔的知识领域里拥有的一片属于自己的天地。一个具有专业精神的教师，首先应该尊重的就是自己的专业。而这种尊重，我觉得甚至应该用专业信仰来概括。

也就是说，一个具有专业信仰的教师，其专业在他心目中的地位，应该至少接近宗教在教徒心中的地位。而作为教师，在钻研自己专业的时候，也应该有教徒那样的谦卑、执着和精进。教师并不是普通意义上的专业人员，因为教师最大的特点就是他们面对的是广大学生，教师的专业功底是否稳固直接影响其教学的成败，也直接影响所教学生的成长，因此，教师的专业水平事关每个学生的未来，岂容忽视。而企图让一个不尊重、不热爱自己专业的教师提高自己的专业水平，这是不可想象的。知之者不如好之者，好之者不如乐之者。只有在坚定的专业信仰支持下，教师才可能有不枯竭的动力进行教学研究，不断提高教学水平，成为一个合格以至优秀的教师。

而作为语文教师，这种专业信仰尤其显得重要。语文是中学各科中唯一的母语教学科目，也几乎是唯一一个能相伴每个学生一生的科目。语文教学不仅是学生认识社会和世界的工具，也是学生文化认同、民族认同的重要载体，更承担了培养学生健全人格、独立自由的思考精神、提高学生鉴赏能力、为学生幸福人生打下底色等诸多重任。对任何一个国家来说，母语教学都应该在学校教育中占有不可替代的重要地位。但是反观我们现在的母语教学，现状堪忧。在有的学校，语文教学地位已经退居英语和数理化之后，成为边缘学科，学生对语文的兴趣持续走低。相当一部分学生语文能力退化，文、言脱节，写作能力低下，错别字连篇。而语文教学受应试教育影响，采用题海战术应付考试，课堂上语文的美感、韵味荡然无存。这些现象的形成，固然与二十世纪七十年代以来中国教育重理轻文之风盛行以及应试教育的重压有关系，但是也与语文老师在这些风气和重压之下，专业信仰弱化，主动放弃专业阵地有不可否认的联系。

在这种情况下，一方面社会各界对语文教学的非议颇多，以20世纪末对语文"误尽苍生"的讨论为代表，这次讨论对语文教学的改革在客观上起到了促进作用，但是在讨论中也暴露出一个倾向：相当一部分论者将语文考试等同于语文教学，在将矛头对准不合理的考试制度的同时，也对语文教学本身进行了一些不尽适当的批判，这些批判不仅使语文教学受到了不公正的评价，降低了其在公众心目中的地位，也使相当一部分语文老师动摇了专业信仰，造成专业学习动力缺乏，教学水平下降。

对语文教育的非议有时候甚至到了缺乏常识的地步：近几年，学界展开了"中小学是否取消文言文教学"的争论，此次争论硝烟颇浓，至今似乎尚未尘埃落定。但是在我看来，这场争论毫无存在的必要。文言文是现代中文的根，两者之间有着千丝万缕的联系，将文言文与现代文绝对对立、割裂开来，并提倡取消文言文教学的观点本身就是不顾事实，否认这种联系的。"文言文还是传承中华民族文明的重要载体。因为文言文不仅是我们的文明之根、道德之根、情感之根，更是我们的语言之根。"韩军曾撰文指出：没有文言文，我们将找不到回家的路。因此，主张取消文言文教学，无论从文化还是从语言角度来说，都是荒谬可笑的。但就是这个荒谬可笑的讨论，还堂而皇之地进行了很多年，很多老师也加入其中，相当一部分是赞成取消文言文教学的，其理由主要是"文言文太难""文言文与现代生活差距太大"。作为一个从事语文教学的专业人员，在经历了漫长的专业训练之后还觉得文言文艰难，还不能意识到文言文与现代文不可抹杀的联系，我认为，这是否说明了其专业水平是不合格的？而作为教授母语的语文教师，盲目跟从某些潮流而做出与专业身份不相符的评论，这也充分说明了相当一部分语文教师专业信仰的欠缺，由此带来的也是专业自豪感的削弱。

希望有朝一日，语文教师们能够意识到民族文化传承赋予语文老师的神圣责任，能为自己从事的母语教学工作而自豪，并在这种自豪感和责任感的驱使之下进行教学研究，提高教学水平，如此，语文教师们才能开始拥有教学自信，母语教学的复兴才有希望。

二、广泛阅读，认真学习

有一个故事，我经常讲给年轻教师听：

某名牌大学的学生毕业晚会上，德高望重的老教授向同学们提出了一个期望："希望你们毕业后，尽量能做到每年读一本书。"学生们听后都颇不以为然：教授似乎太小看我们了，一年何止读一本书呢？十年后，这些学生开同学会，又请来了这位老教授。当老教授问他们十年前我提出的要求你们都做到了没有时，绝大部分人都沉默了，走出校门之后，生活的奔波，工作的压力，他们这些昔日的名牌大学学生现在每年能读一本书的，已经几乎没有了。

这个故事是我上大学时看到的，印象颇深。从那时起，我也暗自告诫自己，不要成为故事里的那种学生。因此毕业之后，不管工作生活压力有多大，聊以自慰的是，读书的习惯我基本没改变过。

十多年前，当时刚踏上工作岗位不久的我被调到了一个新学校。与我原来学校不同的是，这里的竞争相当激烈，与我原来学校田园牧歌式的生活是截然不同的。由于生存的压力，我被迫选择适应环境，赢得自己的地位。这时我遇到了一位老教师，何瑞基老师，当我向他请教怎么才能提高自己的教学水平的时候，他给我提了两个建议：

第一，钻研教材，钻研考试，在应试教育的范围内取得成功，也为学生升学创造好的条件；

第二，努力读书。

第一条对我来说不难做到，但是第二条我却有些犯难了：毕业以来，我自己一直也在读书，但是似乎收获并不是很大。当我把这疑虑告诉何老师的时候，他很干脆地建议我："你去读二十四史吧。"从那时开始，我就开始了人生中第一次比较系统的阅读。八年后，我从《史记》读到《宋史》，做了十余万字的读书笔记。这次阅读使我受益匪浅：它使我由以前的零散阅读变成系统阅读，培养了良好的读书习惯；在长时间的阅读中，我的理解能力、思考能力明显提高，而在读书中获得的知识、信息反倒只算是最小的收获了。到成都之后，受李镇西、干国祥、魏智渊诸多师友的影响，又开始看教育学、哲学方面的书籍，书香浸染之下，在课堂上自然也就多了底气，有了神采。

不可否认的是，在现在，很多老师，甚至语文老师是很少读书的，在很多地方，这几乎已成普遍现象。

很多老师不读书，是因为没有阅读的习惯，其原因，也就是没有阅读的动力，相当一部分老师满足于将书本上的知识传达给学生，阅读的范围仅限于课本及教参，长久下来，阅读的眼界狭窄了，吸取知识的窗口也缩小了，这样的老师，是很难在课堂上有充裕的控制能力的。

阅读需要静心，需要有"板凳坐得十年冷"的学者精神。这种精神在欲望膨胀的现代社会，已经成为一种奢侈品了。但也正因为如此，教师才更应该坚守这片土地，用阅读充实自己，强大自己。真正的阅读，其目的应该是超越职业藩篱的，也正因为这种超越，阅读给职业生活带来的正面影响才可能是强大而深远的。由于语文学科的综合性，对教师的知识面提出了更高的要求，语文教师只有比其他学科的教师更多地阅读，更多地学习，才有可能符合母语教学的专业需要。只有一个学风踏实，作风勤勉的教师，才有可能在自己的专业领域里找到真正的价值所在，建立起超越世俗标准的专业自信。拥有这样的自信的老师，才会是博学的老师，智慧的老师，神采飞扬的老师，固然也会是学生们喜爱的老师，能够影响学生一生的老师。

三、摆脱功利的束缚，尊重生命

我曾经是个很单纯的应试高手。

在听从何老师的指点，下了很大功夫认真研究考题之后，我发觉自己的应试水平迅速提高。当时我们的学校只是一所镇上的子弟学校，生源欠佳，教学条件也较差，但是就是在这样的情况下，我和我的同事们创造了学校的升学奇迹。奇迹发生之后，我们自然也获得了相应的回报，一时间，我似乎已经成了学校以至全市语文教学的高手，学生的喜爱，同事的肯定，家长的期待，让我似乎看到了"名师"的曙光，直到发生了一件事，彻底改变了我。

可可是我 2001 级的学生。

多年以后，我的记忆中仍然很清晰地浮现出那张阳光的、圆圆的脸——她剪着齐耳的短发，很精神的样子，而且眼神纯洁，脸上总是挂着笑，不同的只是有的时候是微笑，有的时候是大笑。

我接到她的时候，其实是在高二了，那时候我们的班级做了调整，我担任一个班的班主任和两个班的语文教学。可可以前是另外一个班的，但是因为她的优秀，在我教她之前，我们就认识了。

刚接到可可后不久，我就到她家里进行了家访，了解了她家里的情况。看得出来，父母很爱她，捧之为掌上明珠，但是对她的要求也很严格，特别是在学习上。

可可对成绩很看重，记得几次来看成绩，觉得自己没有考好，在教师办公室就哭了起来。老师们都认为这孩子上进心、自尊心强，又很懂事，是很让老师省心的那种孩子。所以，我们经常在课堂上教育那些不听话的孩子：

"你们看看人家！只是因为没有考上 110 分就在办公室哭了，

你们呢？考六七十分还扬扬自得！"

可可学习是很努力的，老师说到的内容，她总是很认真踏实地去学习，从来不打一点折扣，但是私下里我们也说：可可的天赋与年级最优秀的几个孩子比还是有一些差距的，所以她的成绩始终不能达到年级最好也是自然的，但是我们没有一个人把这话跟可可说，相反，在她不断努力而成效总是不是太大的时候，我们还一起鼓励她：

"加油！就这样，你一定会成功的！"

我教她的第一个学期期末考试，她的语文取得了全市第一的好成绩，她到我寝室来看成绩，我告诉了她，可可欣喜若狂。记得那天，西昌下了很大的雪，我们一起走出校门，可可和另外几个同学高兴得打起了雪仗，也许是得意得忘了形，不小心把一大团雪打在了一个老太太的脖子上，老太太很生气，说自己有心脏病，要是打坏了她是要负责任的，还问她们是哪个学校的，哪个班的。可可和几个闯祸的孩子吓得不敢出声，垂着手老老实实地站着。我上前又是劝又是保证，最后把工作证拿出来给老太太看，并说几个孩子是我的学生，出什么事情可以找我，老太太才放了她们。

那天，可可很神秘地告诉我，她喜欢高三的一个男孩子，觉得爱得很痛苦，因为对方似乎并不知道，同时她又觉得高中谈恋爱也不是好学生应该做的，所以心中还有很强的负罪感。我告诉她青春期喜欢一个人是很正常的，何况她喜欢的这个男孩子本身也很优秀。爱的萌动是一件美丽的事，不是罪恶，但是，从理智出发，现在应该把这份感情埋在心底，让一切自然而然地成长。

可可写得一手好字，是书法四段。那时候我为了评职称正在家里狂练毛笔字，有一次她和其他的孩子来玩，正碰上我写字，我得意地指着我的字问可可："你觉得哪个字写得最好？"

可可很认真地看了看，回答说："都写得不好。"

大家哄堂大笑。我让可可写，她提笔就写了一手漂亮的隶书，写竖笔的时候我注意到她写的是屋漏痕，用笔刚劲有力，一点都不像平时的娇娇女。

有一次诗词鉴赏，可可介绍的是曹操的《短歌行》，我走进教室，她已经用隶书将整个诗抄在了黑板上。那次讲解十分成功，我上台总结的时候，说："今天的鉴赏，我觉得是'三绝'，一是曹操的诗写得好，二是可可经过了充分的准备，讲得十分精彩，三是这黑板上漂亮的字，几乎让我都舍不得擦了！"

高考之前，高三的班主任和老师都在紧张地帮学生辅导志愿，家长、老师和孩子们都很紧张，几乎每个学生的志愿都经过了我们与家长和孩子的多次磋商和考虑，只有可可的志愿，从一开始到结束，我们几乎就没有插过手，全部是她父母决定的，其中经过了很多次的修改，并没有征求过我们的意见。全班同学的志愿表都交上来很久以后，她的志愿还没有最后确定。我催了很多次，终于在上报教育局前一天交上来了。我们看了一下，觉得一志愿稍微有些高，可能她要超水平发挥才能考得上。但是这是她父母和她一起决定的，我们也不大好说什么。

黑色的七月之后，高考成绩下来了，可可没有能上重点，在普通本科，她报的是重庆的一所医科大学，专业是预防医学。我们都觉得这个专业很不错。

直到一学期以后，我和几个以前教他们的老师都接到可可的长途电话，说她不想在那个学校读书了，想回学校来复读。我们都觉得不太妥当，但是又想不出什么理由来劝她，只是告诉她要慎重。给我的长途电话打了将近一个小时，我最后还是说决定权在你自己，希望你能认真考虑清楚，不要匆忙做决定。

之后，我几乎都把这事给忘了，直到有一天，同事告诉我，可可真的回来复读了，跟着高二走，那时候我教高一，成天忙得昏天黑地，也就只回答了一声"是吗"。

那时候，经常在校园里看见可可，她长高了，更亭亭玉立了，见到我还是很甜地微笑，说："夏老师好！"我也和以前一样回答："你好！"有时候也停下来问问她最近学习情况如何，感觉是否吃力等。

听教她的老师说，刚来的时候，她的成绩还是很拔尖的，但是到后来就渐渐落后了。我说复读生的情况都是这样，因为经历过高三的集中强化训练和高考的洗礼，开始复读的时候实力都是很强的，等大家都到高三的时候，就渐渐不如应届生中的高手了，不足为奇。

我带高二的时候，可可参加了高考，那一年，开始实行估分之后再填报志愿。

那天早晨，同事来找我，说可可在找我，好像想找我谈谈。在上一届的时候，可可和我的关系是很密切的，但是我说我忙得要死，回头再说吧。

中午吃了饭，我在家里上网，接到了一个老师的电话："你知道可可的事情吗？"

我淡淡地回答："知道，她今天早上说想找我谈谈，但是当时忙，回头我跟她谈谈。"

"不是！你知道吗？今天中午她已经服毒自杀了！"

医院里，可可的母亲已经哭得昏过去几次，她的父亲表情木然地坐在那里，单位的同事和闻讯赶来的一些老师正在劝导他们。我想说话，却不知道说什么。一个朋友领我到停放可可遗体的房间，她躺在地上，表情很平静，好像什么事都没有发生过。我发觉，好像她又长高了，我想说什么，但是一开口，却是号啕大哭。

那天晚上，我上网，想写可可，可是一摸到键盘，就心如刀绞，根本无法写下去。

一个 18 岁的女孩子的生命，对于这个人满为患的世界来说是不算什么的，学校关心的只是这事是否与学校有关，甚至把我们这些跟可可有过密切接触的老师都叫去开了个会，还拟定了如果记者来访时我们统一的回答模式；老师关心的只是这孩子承受压力的能力太弱，家长引导也不对，甚至还有说我早知道这个孩子会出事的。

一年以后，我走在路上，遇见可可的父母。他们走在我前面，曾经显得比较镇定的她的父亲已经老了起码 30 岁，走路都不稳了，她的母亲搀扶着他，两个四十岁出头的人就像是六七十岁的老人一样。我走在他们后面，却不敢招呼他们。

而我带完高三之后，便离开了那个学校、那座城市，原因有很多，但是可可是一个重要的原因。因为从那时候开始，我经常在问自己："我们到底在干什么？我到底在干什么？对可可的死，我应该负有什么样的责任？教育的本原到底是什么？除了分数之外，我们还应该对孩子的什么负责？责无旁贷地负责？！"

我想起了我教她的时候对她的那些"严格要求"，想起我把她因为成绩不满意在办公室哭了当成正面典型来教育那些"后进生"，想起我们刻意不顾她的实际情况，而不断地给她提出更高的要求，像资本家一样恨不得榨出她最后一点"剩余价值"……作为她以前的班主任、语文老师，我不应该为她的死而负责吗？

我想起了好友梁卫星说过的那句话："站在讲台上的我们，

都是有罪的。"但是此时，我们的罪是以一条鲜活生命逝去的方式呈现的，如此残酷，如此悲伤。纵然我们培养出了一万个所谓的清华北大的学生，但是我们让一个孩子因为我们而死，这样的教育能够说是成功的吗？

我经常还会想起可可，想起那个生命永远停止在 18 岁的女孩，想起她圆圆的脸，齐耳的短发，一手漂亮的隶书，想起她爱着高三的那个男孩，想起那次打雪仗，想起她如果还在，也许已经恋爱，结婚，或者已经有了一个漂亮的宝宝。可是，现在，一切都不可能了。

到后来，我耳闻了更多的年轻生命逝去的事情，这些消息多得让我们都快麻木了，可是我仍然想问一句：到底是教育为了生命还是生命为了教育？一种模式的教育是不是真正的教育？漠视生命的教师是不是合格的教师？什么样的教育才是成功的教育？

多年后，我看到张文质先生的著作，其中的四个字让我醍醐灌顶：

生命在场。

回顾我走过的教育之路，时时刻刻分数是在场的，有时候"表现"在场，有时候"态度"在场，这些构成了我以前教育的整个评价体系，也成为别人，特别是学校和家长对我的评价依据。学生在成绩上失败，就是我的失败，我被迫在学校和家长的压力之下开始怀疑我的教学，以分数为依据改变我的教学，哪怕这种改变实质上是在压榨学生、摧残学生。作为一个教师，我时时刻刻生活在考试的恐惧之中，生怕哪一次、哪一个学生成绩下滑，甚至一次学生正常的成绩变化都会严重影响我的判断，为分数而喜，为分数而悲，在分数的指挥棒下疲于奔命，这样的教学，难道是有自信的教学吗？是真正为学生成长助跑的教学吗？

成绩是不可靠的，将自信建立在成绩上的教师，会因分数的失利而自信全无；领导是不可靠的，将自信建立在领导评价上的学生，也会因领导不尽正确的评价而否定自己；甚至学生也是不可靠的，将自己完全建立在学生评价上的老师，也许不会意识到，学生也正处在成长之中，他们的评价往往也是建立在个人好恶基础上的，对老师的辛勤付出，他们的反应往往是厌恶而不一定是感激，而所谓的好学生，他们的评价标准甚至会比专搞应试的领导还势利。

不畏浮云遮望眼，只缘身在最高层。只有超越了现实功利的老师，才能超越现实压在我们头上的阴霾，才能置身于云层之上观察教育：身下的云层永远是温暖而雪白的，头上的蓝天永远是湛蓝明澈的，站在这样的高度的老师，怎么会没有教学自信呢？

学习是手段还是目的？

　　这周开始上演讲单元了。第一篇是蔡元培先生的《就任北京大学校长之演说》，上课之前，我问了学生一个问题：说起北大，你脑子里很快会想到什么关键词？有学生说未名湖，有学生说清华，有的说象牙塔，甚至还有说北京烤鸭的，热闹非凡。当然，不能苛求这帮十多岁的孩子跟我想的一样，不过我还是告诉了他们我想到的关键词：兼容并包，思想自由。

　　蔡元培在演讲里给学生提出三点期望——抱定宗旨、砥砺德行和敬爱师友，其中又以第一点着墨最多。我问学生："你们读了十年书了，爸爸妈妈、老师、亲朋好友肯定都对你们说过学习的目的，你们认为学习的目的是什么呢？"

学生纷纷回答：考大学，找工作，挣钱，当官。还有说娶老婆的，惹得同学们一阵笑。有一个同学不知是认真还是开玩笑说："为中华之崛起而读书。"

同学们初读了课文，我问他们蔡元培认为的学习宗旨是什么，他们用原文回答：为求学而来。入法科者，非为做官；入商科者，非为致富。

我问：蔡元培批驳的学习目的是什么？学生回答：升官发财。我继续问：我们的学习宗旨是什么？学生暗笑：找工作，有饭吃。

我笑了：蔡元培时期的学生的学习目的，还可以说是为实现自身价值，而我们现在的学习目的，几乎就是为了温饱，你们觉得哪个目标更远大？哪个目标更可怜？

学生笑了：蔡元培时期学生的目标更远大，我们的目标更可怜。

我也笑了：要是蔡元培先生生活在现在，看到我们的学习目的不过是为了找个工作，挣点工资，有口饭吃，不沦为蚁族，不知道他有多痛心啊！

学生也苦笑。我继续追问：那么蔡元培认为学习的宗旨是为求学而来，研究学问。你们认为这样的宗旨可能实现吗？

学生纷纷回答不可能，大多数学生说学习就是为了某种目的。

我问：那么大家认为，学习到底是手段还是目的？

绝大多数学生认为是手段，极少数认为是目的，我问他们原因，他们回答说不好。

我让他们一起读文本里面蔡元培对当时以学习为手段的学生的表现：

宗旨既乖，趋向自异。平时则放荡冶游，考试则熟读讲义，不问学问之有无，惟争分数之多寡；试验既终，书籍束之高阁，毫不过问，敷衍三四年，潦草塞责，文凭到手，即可借此活动于社会……

"这样的情景，你们熟悉吗？"我问。

学生在下面暗笑。

"其实，这样还算好的。我们学校高三学生毕业前有一个'传统'……"

"撕书！"

有学生在贴吧里已经看到过这种盛况了。

"是的，"我说，"学校对同学们这种行为也表示了最大限度的理解和容忍。但是我也在想，要多大的仇恨才会让学生在高考之前就把书籍资料全部撕碎从楼上纷纷扬扬地撒下？如果可能，我觉得他们恨不得放一把火把这些书本全部烧掉，连学校一起烧了。"

有学生在笑着点头。

"当学习只成为换取某种利益的工具的时候，这种现象是难免的。"

"那么，学习有可能成为目的吗？"

学生没有回答，有的在沉思。

我在黑板上写下几个字：因真理，得自由，以服务。

"现在北京大学的校训是我们刚才说的'兼容并包，思想自由'，这是蔡元培先生提出的。不过北大的前身燕京大学的校训则是上面这句话，这是燕京大学的创办者、美国驻华大使司徒雷登先生提出来的。这句话出自《圣经》。

"人类有着与生俱来的对自然对未知的好奇，而学习则是培养和呵护这种好奇的。探索未知，学习知识本是一件快乐而幸福的事情，这本身也是对我们生命的成全与提升。在现代教育体制下，全社会成员接受教育，客观上说，这对整个社会的进步是有极大好处的，但是也使很多人因此而迷失了教育的方向，包括教师、家长，更包括学生。但是我还是相信，只有真正以求知为目的的学习，才是最纯粹的学习，也是最彻底的学习，更重要的是，这才是可持续发展的学习。

"也许有同学会问：那么找不到工作怎么办？我的答案有两个：第一，纯粹以学习为目的，当然还是要满足基本生活需要，甚至满足比较优裕的生活水准才能做到的，毕竟仓廪实而知礼节；第二，如果你真的找到了学习目的，能够抛弃功利完全凭着自己对真理的追求而学习，那么，怎么可能会不优秀呢？还记得我们看过的电影《三傻大闹宝莱坞》里面的一句话吗？'追求卓越，成功就会在不经意间赶上你'。"

我从《王忠嗣传》里看到的"人"

很早就想写写王忠嗣了。翻开我的读书笔记，第一次在《旧唐书》里读到他的传记是在几年前，当时感触就很深，几乎抄下了整个传记，后来，我又在《新唐书》里读到了《王忠嗣传》，于是对自己说，应该写一下他了，可是一直也没有下笔。

一直没写的原因，恐怕是觉得这个人即使在现在，也很少有人能够真正地理解他，因为他是一位将军，一个英雄，而他之所以成为英雄，恰恰是因为他不愿意打仗。

王忠嗣是唐朝天宝年间人，出身于一个将门之家，父亲王海宾曾屡立战功，后为国捐躯。王忠嗣长大以后，"雄毅寡言，有武略，上与论兵，应对蜂起"，显示出非同一般的军事才能，连唐玄宗也赞赏他"尔后必为良将"。王忠嗣也没有辜负皇帝的期望，在半生的戎马生涯中，他屡建奇功，威震边塞，但是，谁也没有想到，一场灾祸，却在等着他。

唐天宝六年（747），唐玄宗决定进攻吐蕃重兵把守的石堡城。对这一战略计划，王忠嗣向来是持反对态度的。他曾对自己的下属说："国家现在处在安定状态，当将军的就应该注意安抚驻地的人民，我不愿意牺牲无数将士的生命来为我获取功名。"所以，当皇帝提出要进攻石堡城时，他当面反对："石堡城集中了吐蕃几乎所有的精锐部队，我们去攻击它，必将付出极大代价。"但是，皇帝的决定是不可改变的，于是，命令王忠嗣与李延光合力攻击石堡城。

当命令下达以后，王忠嗣并没有积极备战，而是消极怠工。也许他怠工怠得太明显了，连他的手下，后来在平叛安史之乱时建立奇功的李光弼都看出来了，李光弼直接找到王忠嗣，问他为什么这样做，王忠嗣的话让人肃然起敬："我确实知道，我们得到石堡城并不能有益于国家，失去石堡城也不会有损于朝廷，但我不愿意以几万人的性命来换取我的官位。"

石堡城果然没有攻下来，而王忠嗣竟然根本没有意识到自己已处于危险之中，又干了另外一件"傻事"——上表说安禄山要谋反。

须知当时是天宝六年，距安禄山起兵叛乱还有整整八年，此时的安禄山正是如日中天，朝廷大臣趋附而唯恐不及，而王忠嗣竟如此不知轻重，于是，旧账新账一起算，失利的李延光立即将所有罪责全部归于王忠嗣，安禄山也不失时机地到皇帝面前辩明"清白"。幼稚的王忠嗣原来还认为，凭自己的战功，大不了被贬为金吾将军或者羽林将军，最糟糕也不过到稍微边远一些的地方当个地方官，可是他没有料到，李延光、安禄山联合了早已对他恨之入骨的李林甫，不仅诬告他"沮师"（妨害军事），而且无中生有地诬告他谋反，皇帝龙颜大怒，贬他为汉阳太守。两年后，王忠嗣在任所突然去世，死因不明，时年四十五岁。他死以后，哥舒翰带兵攻打石堡城，以伤亡上万人的代价，取得了胜利。六年后，天宝十四年（755），安禄山于范阳起兵叛乱。

王忠嗣不愿打仗，不是因为他怕死。《新唐书》评论他说"以忠嗣之才，战必破，攻必克"。也不是因为他怕失败，他自己说过，我们要付出很大代价才可以攻下石堡城，而是因为一个理由，这个理由出自将军之口简直有些荒诞——不愿意以士兵的性命换取自己的官位。他难道不知道"一将功成万骨枯"是自古不变的真理？他难道不清楚自己面对的是一个别人盼都盼不到的机遇？他难道不知道就算爱惜士卒出了名的汉代飞将军李广，一生也为没碰上建功立业的良机而耿耿于怀？

翻看我的读书笔记，在这里只有一句话："为将不黩武，难得！"

是啊，如果当将军的不把牺牲无数将士的生命换取自己的晋升当成是天经地义的事，那么，也许官员也不会将牺牲无数百姓的利益而换取自己的升迁当成理所当然，当权者也不会为了自己的政绩而道貌岸然地正告那些被迫牺牲的民众"要以大局为重"。

当一个人真正在心中把"人"放在第一位的时候，他就会做出和王忠嗣一样的选择。那么，教师呢？

我们都曾苦口婆心地劝说学生要这样，不要那样，难道我们就从来没有为了自己的工作、职称、奖金不惜扼杀孩子的爱好、未来和活力？当我们将所有的一切掩盖在"一切为了学生"这杆大旗下，以各种极端的方式惩罚和伤害甚至毁灭学生的时候，难道就没有自己的利益掺杂其中？

想起以前看陶渊明，感动于他对一个小仆人的尊重，而现在看王忠嗣，更为他不愿黩武换取官位而震动：真正的人，应该是将"人"放在第一位的，不论这"人"是一个还是成千上万，更不论这"人"是王侯贵戚还是贩夫走卒。当他们尊重生命的时候，他自己的生命也得到了尊重，当他们正视生命的时候，自己的生命也得到了升华。

第四辑

换一种方式
讲课

吾亦与点也——什么才是正确的人生观?

很偶然的一个机会,讲到了曾点。

今天上《六国论》,因为要讲一下古文中"与"的含义,要引用《论语》中《四子侍坐》中的"吾与点也",于是我问:"大家学过四子侍坐吗?"

孩子们回答高一学过。

大家是否还记得,当孔子问自己的弟子们志向的时候,几个弟子都说自己想当中等或者小国家的官员,只有一个人例外——曾点?曾点的志向是什么?

学生想不起来了,我笑着补充:"曾点希望能在春天,和几个朋友,带几个孩子,去河里洗澡，在台子上吹风。而孔子对曾点的志向的评价是什么？"

有孩子终于想起来了：吾与点也！（我赞同曾点的志向啊！）

讲到这里，我突然有一种想法，反正学生对我在课堂上信口开河已经习惯了，于是不妨继续说下去："以前的老师有没有告诉你们为什么孔子在这里不是支持志向远大的子路之类，而是支持看似'没有出息'的曾点呢？"

Marry 回答说："因为孔子希望天下大同，世界太平，这样就可以去洗澡吹风了，所以他赞同曾点的志向。"

我问："是你们以前的老师讲的吗？"

Marry 回答："是。"

我说："我的想法却不是这样。我觉得孔子是在这里教他的学生怎么去做一个真正的人。"

孩子们也许从来没听过这样的谬论，脸上显出惊讶的神色。

我说：

"这只是我个人的观点。也曾经有学者说，孔子赞赏曾点是因为自己的观点不能得到实行，于是故意发激愤之词，但我却不这样认为。

"为什么流连自然，享受生活就是胸无大志？为什么不想当官、赚钱，就是鼠目寸光？难道人生活在世界上就是为了用地位去垒起自己的高度，用财富去证明自己的价值？

"我一直认为，教育塑造的人不应该是为了功名利禄而丧失自我的人，不是为了地位金钱就出卖自己的人，而是能够创造生活、体会生活、享受生活的自然的人。"

孩子们听得很认真，我心里有些感动："可是，太多的欲望使人迷失，太多的诱惑使人浮躁，成为功利驱使的畸形的人，这绝不是教育真正的目的！"

孩子们有些激动，我回过话题："但是，有时候我们还是不得不这样'畸形'下去。下面请大家记录：此处的'与'当'赞成'讲！"

孩子们笑了。

下课了，我的心其实还没有平静下来。

我经常在想，当了这么久的老师，我们到底在干什么？面对这个物欲横流和竞争残酷的社会，每个人身上都被迫背负了太多的东西。从小我们被教育要成为好孩子，上学之后成绩单上那几个阿拉伯数字成了我们唯一的人生价值所在，进入社会之后更是有太多的风雨、太多的无奈、太多的悲哀。每个人早就变成了卡夫卡笔下那只甲虫，社会的进步带来的不仅是物质的极度丰富，还有精神的极度迷失和灵魂的沉重。

于是我想起了可可，那个生命永远停止在 18 岁的女孩。

我们见过太多的孩子为了成绩而神伤，见过太多的家长因为分数而大怒，但是我们都很少看到，我们最应该要的，是孩子健康快乐地成长。

我会教给孩子知识，但是我希望他们也知道，那成绩单上的分数并不是全部，至少相对于他们可贵的生命和快乐来说；我会尽量使孩子提高成绩，但是我希望他们知道，人生不是那么简单，能用几个阿拉伯数字就可以概括；我会尽量让孩子考上好的大学，但是我也希望他们知道，能够正视人生，发掘人生，享受人生也许更重要；我不能保证他们以后没有痛苦甚至灾难，但是我希望他们即使在遭遇到人生不可承受的霹雳时，至少还有勇气去抗争。

其实我也不知道孔子赞成曾点究竟是因为什么，但是我却愿意相信，一个最古老的教育家，应该是把人放在心中的第一位的。

于是，幻想哪天我也位列其中，当孔子满意地说"吾与点也"之后，我也从座位上站起来，说："吾亦与点也！"

《晏子辞千金》课堂实录及课评

一、如果我们是古人——古文不过如此

（屏幕显现"如果我们是古人——古文不过如此！"加粗字样，下面有些议论。）

师：（教师不动声色。屏幕再显示"晏子"二字。）大家看屏幕上，打的是"晏子"，这个人你们熟悉吗？

生（齐声）：熟悉！

师：好。大家知道他的故事吗？

生（又齐声）：知道！

师：那好。能否请一位同学来讲一下他的故事？

（一位学生举手，讲"晏子使楚"的故事，

不表。）

师：讲得真好，十分感谢！从这个故事中我们可以看出，晏子是一个什么样的人？

生：聪明，智慧，机警。

师：对，晏子是以一位智者的形象出现在历史当中的，不过今天我们要讲的是他的另外一个故事（教师在屏幕上显示完整课题《晏子辞千金》，并将翻译好的现代文发给学生），现在，请一位同学起来把这个故事读一下，刚才那位同学举手了我没有看到，很抱歉，现在你来讲好吗？

（学生读译文……其余的学生静听着。）

师：很好，现在大家看看，晏子是一个什么样的人？

生：一个正直的人。

师：为什么？

生：他想把钱给百姓。

师：还有呢？

生：他非常廉洁。

师：现在大家都清楚他的品德了吗？

生：清楚了，晏子的品德正直而廉洁。

师：但是还有一个人不清楚，就是晏子——（学生非常惊讶，等待着教师发话。）因为我们这里用的是现代文，要是读出来的话，晏子肯定听不懂。（有学生微笑。）平时我们都是把古文翻译成现代文，今天我们客串一下古人，我们试试把这段文字翻译成古文好吗？

生（一时来了兴致，齐声）：好！

（教师先在屏幕上显示课文的部分现代文翻译，并视学生现场的回答情况，将在所属现代文的下面打出翻译出来的古文，或随时调阅出来。）

师："晏子正在吃饭"，怎么讲？

生：晏子正食。

师：（在电脑上打出四字，并笑曰）你们见过古文里面说"正在"是用"正"吗？

生（恍悟）：没见过，应该用"方"，是吧？

师：正是。（师一边将"正"改成"方"。）"齐景公派使者来了"，怎么说？

生：公使使至。

师：（心下暗喜）很不错。（随手打出四字。）请大家继续，"晏子把自己的食物分给他吃"，怎么说？

生：子分食与之。

师：好。那"使者没有吃饱，晏子也没有吃饱"，该怎么讲？

生：使者未足，晏子也未足。

师：（一顿，提高声量）也？

生（恍悟）：亦，亦未足！

师：很好，请继续，"使者回去"呢？

生：使者归。（又有学生在下面说"使者返"。）

师：（将两种答案都打在屏幕上）"对景公说了这件事"，怎么说？

生：言之于公。

师："景公说：他穷得像这样啊！"，又如何说？

生：公曰：如此窘也！

师：（略一顿，提高声量）怎么不用"穷"呢？

生：一般来说，古文"穷"字都是指官运人生道路陷入困境一类的，所以这里应该用"窘"字。

师：（赞赏）很好！我们一般说"日暮途穷"，就是指道路迷茫；还有"欲穷千里目，更上一层楼"，这里又是指穷尽。"我不知道，是我的错啊！"，该怎么说？

生：吾不知，吾之过也！

师：（略一顿，提高声量）吾？是吗？

（生在下面议论纷纷。）

生：老师，是"寡人"吧？

师：（笑）很好！我们知道，景公是一个诸侯，先秦诸侯自称都是"寡人"之类。好，"多次送给他"，怎么讲？

生：数（shuò）赠之。

师：很好。那"最后晏子拜了两次推辞说"，怎么讲？

生：子再拜辞曰。

师：（略一顿，提高声量）什么叫"再拜"？

生：拜了两次。

师：为什么拜两次？

生：应该是"表示恭敬"的意思。

师：好。"我家不穷"呢？

生：吾家不窭也。

师：好，继续来，（感到有些难度）提示一下，我们说古人有"名"、有"字"，还有"号"什么的，谦虚的时候应该称什么？

（学生之间有争议，有生说"名"。）

师：那位同学说得是，自称谦虚应该称"名"，所以这里最好是——

生：婴家不窭也。

师：好的。接着来，"因为景公的赏赐"，怎么说？

生：因公之赐。

师：（环视众生）还有其他的意见吗？

生：以公之赐。

师：（不作评价，直接打出两种翻译）好，"用来赈济百姓"，怎么说？

生：以之赈民。

师：那"国君的赏赐很优厚了"呢？

生：君之赐厚矣。

师：（略一顿，提高声量）你用了"矣"字，那为什么不用"也"字？

生："也"字我感觉是判断，而"矣"字我感觉好一些，但具体怎么说却说不好。

师：（微笑）感觉很好，语感嘛。"矣"用来陈述，还带有一些感情在里面。好，我们继续，"我听说"，怎么说？

生：婴闻之。

师："从国君那里获得厚赏"呢？

生：获厚赏于君。（又有学生说"获赏于君"。）

师："散给百姓"，怎么说？

生：散之于百姓。

师：好。"这就是代替国君统治人民"呢？

生：此乃代君治民也。

师：那好，我们连起来，"从国君那里获得厚赏而不散给人民"，怎么讲？

生：获厚赏于君而不散之于民。

师：（微笑）对了。接着来，"忠臣是不做的"，怎么讲？

生：此乃忠臣不为也。

师："这就是用筐箧收藏财物"呢？

生：此乃筐箧之藏也。

师：好。接着说"仁义的人是不干的"——

生：君子不为也。

师：（赞赏）仁义的人就是"君子"，很有道理。请继续，"向上从君主那里获取"——

生：上取于君。（又有学生说"进取于君"。）

师：（示意对话的学生坐下，向着旁边说话的学生）你是说"'进'取于君"，能说一下自己用字的观点吗？这里明明是"向上"啊？

生：我记得初中《岳阳楼记》一课里面有这个"进"字，"进"就是对皇帝，"退"就是对下面，但是具体怎么说，我记不太清楚了。

师：很好！《岳阳楼记》里面说："是进亦忧，退亦忧，然则何时而乐耶？"我们同学有的读书很仔细嘛！接着来，"在下面得罪士人"，怎么说？

生：下得罪于士。（又有学生说"退得罪于士"。）

师："内心满足就能免于忧患"，该怎么说？

生：心足则避忧（或"患"）也。

师：（提高声量）我想知道的是，你为什么只用"忧"或者"患"？

生：我想，因为古代多用单音节词。

师：（赞赏）对，我们现在说长江，古人叫"江"，黄河古人叫"河"，我们多用双音词或多音节词，而古人则多用单音节词。下面，"景公对晏子说，以前我们去世的国君把五百书社授予管仲"，这句较长了，该怎么说？

生：景公谓晏子曰：前桓公以书社五百授之仲。

师：（提示）你们觉得用"前"好吗？

生：（想了一想）感觉不好。

师：那用什么？

生（恍悟）：昔。

师：（微微一笑）那"去世的国君"，该怎么说？

生：应该是"先王"吧。

师：（做了改正）那好，"管仲没有推辞就接受了"，又怎么讲？

生：未辞而受之。

师：（提高音量）管仲呢？

生：（笑）省略了。

师：好，请继续，"你推辞是什么原因呢"？

生：汝辞之何也？

师：（提示）用"汝"合适吗？古人说"尔汝"就相当于我们

现在说"卿卿我我"，是比较亲密的人之间说的，你们觉得这里最好用什么？

生（恍悟）：子。

师：好，再看下面，"晏子说：智慧的人考虑多了，肯定会有一次失误，愚蠢的人考虑多了，肯定会有一次成功"，这个句子也比较长，怎么讲？

生：（迫不及待地）智者千虑，必有一失；愚者千虑，必有一得。

师：呵呵，这么肯定？好。终于到最后了，"想来管仲的失误就是我的成功吧，所以拜两次不敢接受"，怎么讲？

生：臣以为管仲之过乃臣之得也，故再拜而辞之（或者"弗受"）。

师：（面对全班）好。我们终于把文段翻译成古文了，（略顿，并将学生部分翻译的现代文文本回发给他们，）现在我将我们的成果念一遍（教师念，学生静听）：

晏子正在吃饭，齐景公派使者来了，晏子把吃的分给他，使者没有吃饱，晏子也没有吃饱。使者回去之后，把这事告诉了景公，景公说："唉！晏子家里穷得这样啊！我不知道，是我的过错啊！"使吏致千金与市租，请以奉宾客。晏子谢绝了。景公多次送去，晏子最后拜了两次推辞说："我家贫穷，因为国君的赏赐，泽覆三族，延及交游，用来赈济百姓，国君的赏赐很丰厚了，我家不穷啊！我听说，从国君那里获得厚赏，却施舍给人民，就是代替君主统治人民，忠臣是不做的；从国君那里获得厚赏，却不施舍给人民，就是用筐箧收藏财物，仁义的人是不干的；向上从国君那里获得赏赐，向下得罪士人，身死而财迁于它人，是为宰藏也，智者不为也。夫十总之布，一豆之食，内心满足就能免除忧患。"

景公对晏子说："以前我们去世的国君把五百书社授予管仲，他没有推辞就接受了，你推辞是为什么呢？"晏子说："我听说：智慧的人考虑多了，肯定会有一次失误，愚蠢的人考虑多了，肯定会有一次成功。想来管仲的失误就是我的成功吧，所以拜两次不敢接受。"

这里有一个问题，你们认为晏子能看懂吗？

生：二懂（注：方言，"半懂"的意思）。

（此时教师暂时没有应答，而是发下《晏子辞千金》原文）

晏子方食，景公使使者至，分食食之，使者不饱，晏子亦不饱。使者反，言之公。公曰："嘻！晏子之家，若是其贫也！寡人不知，是寡人之过也。"使吏致千金与市租，请以奉宾客。晏子辞。三致之，终再拜而辞曰："婴之家不贫，以君之赐，泽覆三族，延及交游，以振百姓，君之赐也厚矣，婴之家不贫也。婴闻之，夫厚取之君，而施之民，是臣代君君民也，忠臣不为也；厚取之君，而不施于民，是为筐箧之藏也，仁人不为也；进取于君，退得罪于士，身死而财迁于它人，是为宰藏也，智者不为也。夫十总之布，一豆之

162

食，足于中，免矣。"

景公谓晏子曰："昔吾先君桓公以书社五百封管仲，不辞而受，子辞之何也？"晏子曰："婴闻之，圣人千虑，必有一失，愚人千虑，必有一得 。意者管仲之失而婴之得者耶？故再拜而不敢受命。"

学生则急急地进行阅读、比较。教师同时将学生版的《晏子辞千金》拟古文显示出来：

晏子方食，公使使至，子分食与之，使者未足，晏子亦未足。使者归（使者返），言之于公，公曰："如此窘也！寡人不知，寡人之过也！"使吏致千金与市租，请以奉宾客。晏子辞，数赠之，再拜曰："婴家不窘也，因公之赐（以公之赐），泽覆三族，延及交游，以之赈民，君之赐厚矣，婴闻之：获厚赏于君（获赏于君），散之于百姓，此乃代君治民也，此乃忠臣不为也；获厚赏于君而不散之于民，此乃筐箧之藏也，君子不为也；上取于君（进取于君），下得罪于士（退得罪于士）身死而财迁于它人，是为宰藏也，智者不为也。夫十总之布，一豆之食，心足则避忧（患）也。"

景公谓晏子曰："昔先王以书社五百授之仲，未辞而受之。子辞之何也？"晏子曰："婴闻之，智者千虑，必有一失，愚者千虑，必有一得。臣以为管仲之过乃臣之得也，故再拜而辞之（弗受）。"

师：（稍过一段时间后，教师提高音量）我们看看这"原版"比起我们的"盗版"如何？前面大家翻译得很好，"使使"两个字的翻译我觉得比原文还精练一些，同学提出的"进取于君"也是很精彩的翻译！但是有些地方"似乎"（作延长音）原文比我们的好，比如"代君君民"这一句，这里第二个"君"字的用法和意义是什么呢？

生（略想）：名词作动词，"统治"的意思。

师：对，很好！由此可见，文言文似乎也并不是那么神秘啊，如果我们生活在古代，没准比古人说得还好呢！

（生笑）

二、如果我就是晏子——智者的忧虑

（屏幕显现"如果我就是晏子——智者的忧虑"加粗字样，预示课堂进入第二环节。）

师：刚才我们看了文段，并且进行了成功的"反译"，现在大家想一下另一个问题：如果你是晏子，会接受赏赐吗？会的举手。

（多数学生举手。）

师：（有点意外）这么多啊，那不会接受的请举手——

（一名学生举手）

师：（走近）能说说为什么吗？

生：我怕景公送了我财物之后会叫我干一些我不愿意干的事情。

师：（觉得有必要）什么事呢？

生：叫我贪赃枉法什么的。

师：那么为什么要接受呢？（环视其他学生）也请这些同学说
说——

生：（有兴致）那是钱啊！！

师：呵呵，是啊，不能跟钱过不去，爱财，人之常情，无可厚
非。但是有一个事实是：晏子没有接受！为什么？联系课堂的开始，
大家可以看到晏子的什么品德？或者大家从文段中找答案……

生：心系百姓，想把财物分给百姓。

师：可是他最后还是没有分啊？晏子讲述自己拒绝的理由，有
几个？

生：有三个。

师：分别是什么？

生：一是不愿代君君民，二是不愿私吞，三是财产在自己死了
之后就成了别人的东西。

师：我认为，与其说是晏子的理由，不如说是晏子的"困境"。
撇开这点，我有一个疑问，晏子是否想用这钱来帮助百姓？

生：想。

师：但是最后帮助了没有？

生：没有。

师：也就是说，他因为某种原因，把他心系的百姓给"牺牲"

了，人家经常说两难处境，但是这时候晏子面对的其实是三难，收还是不收，这的确是个问题，有没有三全其美的做法呢？

生：他可以把钱分给百姓，然后说这是国君给他们的。

师：（幽默）在钱上都附上一份说明书，告诉大家这是国君的钱吗？

（众生笑。）

生（插话）：万一国君知道了，还是会生气的！

师：（已听到，面转对其他学生）晏子说了自己拒绝的三个理由，在这三个理由当中，有最起关键作用的一个原因吗？

生：有，是"代君君民"。

师：（紧问）什么叫"代君君民"？

生：帮君主治理人民。

师：为什么晏子不愿意？

生：怕功高震主。

师：（走近）能详细说说吗？

生：就是好事让臣子一个人做完了，皇帝或者国君会感觉到威胁，大臣危及皇帝的地位，就是"功高震主"。

师：这种担忧不是没有道理。但是，"代君君民"，是不是正确的？

（生不能答。）

师：（感觉问题确实提得难了）西汉时期，周勃和陈平都是丞相，一天皇帝问周勃，今年天下判死刑的有多少？周勃不能回答。皇帝又问，近来京城建设情况如何？周勃还是回答不上，十分恐慌。皇帝问陈平，陈平说，这些事情你不该问我，自然有主管的官员，你应该问他们。皇帝就说，那你干什么呢？陈平说，我的责任就是帮你管理百官、天下。皇帝听了之后十分高兴。下来之后，周勃抱怨陈平不教他这些而让自己丢丑。陈平说：你当丞相连自己的职责都不清楚那干什么呢？

生（恍悟）："代君君民"，实际上应该是"相"的职责！

师：对极了！但是，这时候晏子的职责却是他的恐慌，为什么？

（生无法答。）

师：现在我们来设想，你自己就是晏子，刚才我们已经说过了，你曾经历了庄公、灵公、景公三个国君，从政57年，事景公48年，创造了一个引人注目的纪录。你经历的最后一个国君就是景公，景公算不上一个十分英明的国君，但是他对你的信赖却是无可怀疑的，在记载你事迹的《晏子春秋》，全书220章中，记载你匡谏齐景公的不下50章。而此50章中，记景公闻过知错的有12章，记述景公纳谏后不仅当面认错，而且立即改正的有25章；此外，虽然书中没有标明景公闻谏认错但实则赞成你的匡正因而知非而止的有10章。你去世的时候，景公正在打猎，闻听消息，他马上驾车回来，他觉得车子太慢，于是下车跑步，一会又感觉跑步还是没有车快，于是又上车来为你奔丧。你去世以后，一天，景公在射箭，每箭一发，叫好声不断，景公说："要是晏子还在的话，他不会容许你们这样阿谀奉承的。"可是，就是这样一个国君，你仍然不敢接受他的赏赐，为什么？

学生：害怕。

师：现在我们设想一下：给你两个选择：接受赏赐，但是这很可能成为你以后的罪状，在你倒霉的时候，不仅仅是你，连同你的家人都会遭到灭顶之灾；拒绝赏赐，那么你可以名垂青史，并更加获得国君的信任，你选择哪个？

（大部分学生选择后者。）

师：看来大家现在意见有分歧了，而晏子的选择，还跟他的个性是分不开的，他从政 57 年，事景公 48 年，能做到这么久，与他的"谨慎"是分不开的。而在这件事上，我们可以看到，受损失最大的是谁？

生：百姓。

师：得益最多的是谁？

生：晏子。

师：他得到了什么？

生：名声。

师：也许还有国君的更加的"信任"。中国历史上有过不少明君，也有过不少昏君甚至暴君，但是，没有谁能保证自己遇到的都是明君，所以，伴君如伴虎。当一个国家所有的东西都取决于一个人的时候，他的个性、爱好、心情、智商都决定了你的生存，如果你遇到这样一个皇帝，当听说百姓闹饥荒的时候居然问"他们怎么不吃肉粥"，那么在他的手下做事，不仅是一件荒谬的事情，而且这事情的危险也是可想而知的。

这个话题对大家来说也许太沉重，但是却是中国几千年来的事实。有很多人都提出过同样一个问题："为什么？"答案是很多的，答案更是沉重的，这种沉重，大家在以后通过读书和社会经历去逐步了解，如果想通过这一堂课了解，无疑是不够的。今天的课就到这里。另外，译文里还有几句原文，作为课后作业，请大家翻译一下。下课！

反者，道之动

——评夏昆老师《晏子辞千金》课

安徽铜陵三中 / 吴礼明

夏老师这一节《晏子辞千金》文言文课是很有意思的课。在文言文已经被上得面目可憎的今天，这一上法不仅令其他教师耳目一新，而且学生也颇感新鲜有味。从课堂现场看，夏老师采取"还原"法，使学生学习文言文的兴趣一下子被调动了起来，情绪也非常高涨。当然，这并非夏老师首创，但他给这种教学方式注入了新元素，因而产生了意想不到的效果。我读而乐之，觉得非常有推介的必要。

首先，夏老师的课堂常常是变动不居的。作为教师，非常可贵的是，在他身上有着浓厚的艺术家气质。这使得他的课堂常常出人意表，有很多灵活的元素。他总是能根据不同的课堂内容找到切合的展开方式。而这节《晏子辞千金》文言文课，无疑又是他展示其独特教学价值观的又一尝试。

一般而言，文言文如何上？有人作了列举，比较公认的似乎是这样一些："钱梦龙执教的《愚公移山》是串讲文言文的极品；张必锟执教的《五柳先生传》是文言文诵读教学的经典；黄岳洲设计的《岳阳楼记》教案是深挖古文知识的代表；张孝纯设计的《乌有先生历险记》是文言文词汇训练设计的绝唱；沈衡仲执教的《六国论》是扩大文言文文化内涵的教学视野的典范……"这些案例是如此的经典，以至于今天还有很多人在历数着这些名师，学习着他们的课例。但是，恕我直言，在文言文教学面临着极大的时代挑战而羞涩地隐退于历史的暗角的时候，曾经的教学模式真的能够为今天的教学提供直接的经验借鉴吗？应当说光鲜的文言文已经生了铜绿，几千年的时空里，赖以传递丰富信息的文言文在今日已经蒙受损失了，当暗黄的的纸页间文雅而孤傲的字句已经远离我们的生活而变得十分遥远的时候，怨恨批评便成了抒泄人们空虚灵魂的最常用的手段，到现在甚至成了唯一的手段。

教学需要寻找新法，文言文教学需要拓展新路。而夏老师的可贵探索正显示了极大的价值。他这一课的独到在哪里呢？

"平时我们都是把古文翻译成现代文，今天我们客串一下古人，我们试试把这段文字翻译成古文好吗？"他就这样开始了这一课。我想学生是非常吃惊的。对于已经习惯了古文教学即讲字词的孩子来说，古文即意味着乏味和沉重。但夏老师的这一设计，无疑是有着极具诱惑的刺激。这一刺激的意义，让我在这里多说一点。

一是对于已经平淡的课堂，教学本身渴望改变一下单调，夏老师的课堂正适逢其会。看起来，这似乎是一个再自然不过的事情了。

二是夏老师对于课堂有一个"暗算"。如开始部分，师说："'晏子正在吃饭'，怎么讲？"生答："晏子正食。"师说："你们见过古文里面说'正在'是用'正'吗？"生答："没见过，应该用'方'，是吧？"师说："'齐景公派使者来了'，怎么说？"生答："公使使至。"师又说："'晏子把自己的食物分给他吃'，怎么说？"生答："子分食与之。"师又说："'使者没有吃饱，晏子也没有吃饱'，该怎么讲？"生答："使者未足，晏子也未足。"师突然发问："也？"生醒悟而答："亦，亦未足！"我想，这对于学生的所学来说，暗含着一个比庸常考试还要厉害的检验。因为它不需要死记硬背，而是运用和发挥。教学设计出由被动的学转化为主动的发挥，对于学生来说，不使出浑身解数，如何彰显自己的能力呢？

当文言文语言的硬壳在课堂上被学生细细地敲碎之后，师生的对答便非常畅快起来，学生甚至显得非常兴奋。当老师说"晏子说：智慧的人考虑多了，肯定会有一次失误，愚蠢的人考虑多了，肯定会有一次成功"时，学生迫不及待地回答："智者千虑，必有一失；愚者千虑，必有一得。"当老师说"想来管仲的失误就是我的成功吧，所以拜两次不敢接受"时，学生很流畅地用了较长的句子来回答："臣以为管仲之过乃臣之得也，故再拜而辞之（或者'弗受'）。"如此看来，语言的静波就显现出来了。

这种"暗算"还体现在夏老师的课堂在貌似无序的背后有着严肃的构思。在他，就是要通过课堂的语言，激活学生的心智，而这一层达到目的之后，夏老师发下了原文文本，并激趣说："我们看看这'原版'比起我们的'盗版'如何？"这又是一个刺激。不表。

然后，课堂再渐进地到达人文的层面（"晏子的困境"），完成了一个由语言到意义的提升过程。显然，夏老师的教学设计步骤很清晰，循序渐进，由易到难，由个别到整体，学生不自觉地参与其中，自然而然，不知不觉将课堂融合进了自己的理解视野之中。

这一节文言文课上下来，学生突然感到文言文竟然是如此的有趣。夏老师没有讲解什么虚词、实词，也没有让学生枯燥地在文言文单音节词里转悠，而是以一种展示学生个人效能的方法，绕开了单调而乏味的概念性解释，使学生很自然地在文言文单音节词与现代汉语双音词之间比较熟练地转化着。我想，仅仅凭借这一点这一节课堂也是非常成功的。当然，夏老师的课堂远不止于此，其文化阐释也是极具个性和有意思的。但综观其课堂，其实并没有将一个确定的答案告诉学生，而是启发他们在日后的人生中去思考，去探索。所以，这样的课堂其实又是非常开放的，并将学生的视线引向很遥远很遥远的地方。

对于夏老师的课堂来说，我觉得最值得玩味的地方，倒还在以下三点。

其一，"反者，道之动"。这句话出自《老子》第四十章，意思说，循环往复的运动变化，是道的本真运动。说"暗算"也好，"巧妙"也好，其实都还未能真正地深入到事物探究的深层。对于文言文教学来说，将古文转化为现代文，目的何在？一般的回答是便于理解，因为古文难懂。其实这只是将事情做了一半。很多人还不知最好的形式还是要回到自身上来。要完成一个理解，在哲学层面上讲需要一个循环。在很不经意间，理解又回到了起点。这就是圆点运动，也正是老子"道"的意思。因为找不到返回的路径，理解受到了阻塞，于是文言文成了"之乎者也"，变得异常枯燥。这对于语文教学持语言工具论的教师来说，夏老师的做法不啻是一个反讽。僵硬的工具论教学时常落到使学生对于文言文课堂倒胃口的地步，想一想，究竟是谁的过错呢？

其二，《老子》又说："弱者，道之用。"其大意是，"道"所使用的方法是示弱而不是逞强，用柔劲而不显示刚强。这节课没有凸显一般教师所谓周密而科学、环环相扣、严丝合缝而"无懈可击"的教学设计和所谓的逻辑进度，也没有凸显教师的动人风采与迷人个性；相反，教师在示弱，他并没有显示教师作为知识与理解的主宰，而是不断地让学生有思考的问题，有求思的所在。所以在课堂上，学生获得了言说的自由与空间，而不仅是做为听众的崇仰与快乐。

其三，《老子》还说："天下万物生于有，有生于无。"其大意是，天下的万物似乎产生于看得见的有形质体，而有形质体又似乎产生于那些不可见的无形质体。我想，夏老师运用的智慧都在这里。关于"无中生有"，学界有很多批评的声音，其实这些都还没有真正理解事理的精髓所在。从眼前有形的语言，有限的语言空间，如何让学生看见隐藏在文字背后的极大的事理空间，应当说主张语文人文说的教师做得比较出色，但是，往往这样的课堂，又给人无迹可循的感觉。而事实上，照这样的课堂情形来看，仍然依赖于教师的精心设计和密度旁搜。要想课堂获得有意义的拓展，又需要大量的"互文"来支持。而这一点，是学生做不到的，并且也是他们难以理解的。而夏老师课堂上循序渐进的做法，恰恰让学生不自觉地感到，由语言进到精神领域，有一个可见而浅近的路径。精神空间其浩瀚乎，而可得于心，需要的是大巧若拙的本色与深入浅出的功底，其夏老师有与！

由夏老师的文言文课堂，我想再说一些。

一是，今天一般的文言文课为什么上得非常的逼促呢？一个很重要的原因，很多教师的视野非常狭隘，只知道就字词讲字词，为传授而传授，对于超越课文的很多东西基本上失去了感觉。文言文如果只释字词，而不做任何的理解，古文就成了死文，也难怪因为学习不得法，而招致包括老师在内的很多人对古文的厌弃。在传统的"防教师"体系教材编写与教学实践中，教师只是国家教育目的和教材编写者的执行者，完全丧失了教师在教学活动中的独立和主体的地位。因而，教学行为，就表现为"唯书"和"唯上"，表现为"教"教材，而不是"用"教材。新课程已经突破了这种狭隘面，但很多教师显然还没有足够的准备和转变意识。这是需要深思的。

二是，优秀的教师从来都走着一条异乎寻常的路。他们对于教学的态度近乎苛刻，这其实是对有质量的教学生命的苛求。正因为这种苛刻，逼迫他们寻找种种崭新的路径，而最重要的，他们需要在心中自我酝酿，作一个比喻，好比酿酒，在自身体内经历一场美妙的发酵。夏老师对于古文的兴趣，对于古代历史的兴趣，都使我们感受到他是一名非常优秀的酿酒师。对时间、历史产生由衷的敬意，使他完成了一个个理解上的循环。这一点，其实是需要教师对古文有一种特别的情怀的！

三是，教学需不需要一些新鲜的巧法？我想这是毋庸置疑的。课堂确实时时需要一些巧法给庸俗的生活以新鲜的刺激。但是，专门玩弄这些所谓的机巧，正是日下一些名师的所谓的"优势"，这是需要警惕的。这里需要说明的是，课堂机巧的作用点在哪里呢？我想，应该是一个助推器，帮助我们理解喜欢文言文，以顺利地深入文中，甚至达其感人至深的地方。最希望看到这样的情形，文字感动我们的是因为它触动了我们的灵魂，并成为我们灵魂的一部分，并且，使得生命中许多不可能成为可能，使得我们体验到智慧的奇谲与欢畅。

我想，当学生喜欢上了古文，在古文的课堂上能够思索，那么，这种新鲜的刺激自然会自动地脱落，使得那些语言的静波显露出来，变成恒久的美。而这种美是最纯粹、最感人的。在今日所谓"害我最多的是古文"的声浪里，要恢复文言文与历史的尊严，目前需要做的事情还很多很多。特别是，在今天很多人的意识里还有很浓厚的斥古情结时，如何让人们喜欢上古文，教学的创新，就显得更为迫切了。

夏老师的课堂之所以感动我，是因为在根本上，这节古文课里所阐发的既与我们的生活息息相关，又指向我们的精神空间。在这一层面上，教师借助于这一节课，由"晏子的困境"所引申的，是古今都存在的精神困境，至少微讽了当代文言文教学因为忽视生命和灵魂的东西，为什么变得面目可憎了。由此可见夏老师的目的与追求的所在。韩军说，"没有文言文，我们找不到回家的路"，这里面除了一种炽热的情怀，还有一种历史的深识。

四是，这一节课对语文的工具论者与人文论者都是有启发的。就目前的教学情状所知，前者认为语文教学要重视语言和语言的训练。但根据其听、说、读、写四项要求所做出的种种要求，在今天已经使很多课堂僵化了。如何激活那些沉睡在文本里的语言呢？泛人文论者似乎过度扩张了文本的意义空间，难免有脱离实际的嫌疑。

一般来说，语言是通过作者的感受而沉浸在文本里，被读者唤起，又需要凭依语言，这本没有问题。但工具论者过分强调了语言的形式，而忽视了语言背后的人。人文论者的方式又让人感到离语言的现实太远。所以在"作者—语言—读者"，不是语言学家一样地客观地研究语言，而是要"唤起"，通过"唤起"而唤起另一种情感。

万变不应离其宗

——夏昆老师《晏子辞千金》课评

安徽浮山中学 / 周美超

夏老师这一堂文言文阅读课给人颇为新鲜的感觉。作为一种探索与尝试，其意义是十分明显的，能给人带来很多的启发。就实际的课堂而言，这种尝试也在一定程度上激发了学生的学习兴趣，调动了他们的学习积极性。同时也显示了夏老师本人在教学上的探索和追求。但是，在仔细研读了《晏子辞千金》课堂实录之后，我不禁产生了一些疑问：这节课到底给学生带来了什么？老师所用的教法值不值得肯定？文言文教学到底怎样进行？等等。下面我就这些问题表达一点我个人的感受和看法，并就教于夏老师及方家。

首先说课本身。

夏老师这一节课是教文言文，且文本来源于课外。我注意到本节课课堂结构十分简明，主要分成两大块，即"言"的教学（现代文翻译成古文）和"文"的教学（理解文章的思想内容）。但课的主体在前一部分。尽管教者在教法上反常人之道，采用了一种全新的方式，但客观地说，其实质并没有变，即仍然立足于文言知识、文言词句的巩固和积累。一篇有深刻思想内容和文化内涵的课文，如果把教学的重心放在知识的复习和巩固上，其安排明显是不科学的。

其次，就这篇课文本身而言，其语言实际是比较浅显的，教师稍做点拨，学生自然就能掌握。从学生的翻译和回答来看，学生已有的文言知识的积累也是不薄的。既然如此，把课堂重点放在翻译上，其实就没有这个必要，如果硬要如此，课堂效率就不免大打折扣了。

再次，我注意到文中还有一些句子，夏老师并没有让学生翻译，例如："使吏致千金与市租，请以奉宾客""泽覆三族，延及交游""是为宰藏也""夫十总之布，一豆之食"等，不知是夏老师有意如此，还是疏忽？如果是有意为之，则这几个句子中有的是应该掌握的，如"致""千金""交游""请以奉宾客"；有的是难以理解的，如"市租""宰藏""十总之布"等，为何不让学生翻译？同时，老师没有给学生时间提问，自己也没有做任何点拨，难道学生都掌握了？我看未必。如果学生不理解，不掌握，学生怎能充分地理解文章的思想内容呢？甚至文言文词句的巩固和积累的目标都不能得到很好的落实。

最后，采用这种教师说现代文、学生翻译成古文的形式，课堂上固然比较热闹，但学生的思维是否被真正激活？是否调动了每个学生的积极性？学生的能力又是否得到了真正的培养？这些都是值得思考的。我的感觉是，这堂课只是考查了学生已有的知识储备，学生的思考也只是浅表性的，其思维能力并没有得到真正的锻炼和培养。

再补充一点。上面已经说了，本课的文本是教师从课外拿来的，学生开始并不知道原文，如果是平常教学，文本在教材里，学生比较熟悉，用这种将现代文翻译成古文的形式教学，恐怕就没有什么意义了。

"言"的部分完成之后，夏老师转入"文"的教学。我觉得，这堂课更多的是体现了夏老师个人对文本的理解，带有较强的主观色彩。当然，这对于当今"唯上""唯参"的课堂已经是一个较大的突破，其意义是重大的。但是，问题在于，夏老师的这种解读是否就是正确的？自己的观念在教学过程中是不是就要完全展示出来，甚至以自己的思考代替学生的思考？在这两点上，我还有几句话要说。

一者，我觉得夏老师对文本的解读有失偏颇，文本的深刻内涵及其价值没有被充分挖掘出来。晏子何以要辞千金？他自己明说了三个方面的原因，即不愿代君君民、不愿成为不仁之人、不愿为别人积累财产（自己死后财产就成了别人的）。其中，第一个方面，应该说是为君考虑，即臣子行事要能显示君王的恩威，使其留名后世，并能延续其统治，达不到这个目的，当然就不能做。这是古代做臣子的美德，更是做忠臣的行动准则。晏子是一代忠臣，这理所当然在他的考虑之中。第二、第三个方面从个人的操守、名利的角度考虑。他是君子，他要做"仁者"，他就不能不考虑该不该做的问题，古人重操守甚于生命。而接受赏赐，表面看来是得到了许多"利"，但实质上自己并不能长久地拥有，甚至因此得罪于人，那又有什么意义呢？所以晏子最终没有接受。但是，在课堂上夏老师只根据自己的理解，把不愿代君君民视为主要原因，引导学生得出"害怕""做事谨慎"的结论，这大大削弱了晏子的形象，消减了他的人格力量。一个勇于进谏、功勋卓著、看重操守、智慧过人的一代名臣被理解成胆小怕事、明哲保身之人。这不仅损害了文意，也削弱了文本的价值，更不利于学生健康人格和审美能力的培养。即使夏老师对文本的解读是正确的，但这种理解也只停留在浅层次上，也有必要对学生进一步引导，例如，能不能把他和包拯、海瑞等人比较，以进一步认识其人其情。或者，引导学生对晏子的行为进行评价，让学生在见仁见智中，进行思维的碰撞，达到受教育的目的。

二者，我觉得课堂上学生对文本的解读，夏老师的做法与其说

"引"，不如说"牵"，是牵着学生鼻子走。请看他的提问与言辞：

"但是有一个事实是：晏子没有接受！为什么？联系课堂的开始，大家可以看到晏子的什么品德？或者大家从文段中找答案……"

"晏子说了自己拒绝的三个理由，在这三个理由当中，有最起关键作用的一个原因吗？"

（在讲述晏子一生的经历和他与景公的关系之后）"可是，就是这样一个国君，你仍然不敢接受他的赏赐，为什么？"

（学生：害怕）

"现在我们设想一下：给你两个选择：接受赏赐，但是这很可能成为你以后的罪状，在你倒霉的时候，不仅仅是你，连同你的家人都会遭到灭顶之灾；拒绝赏赐，那么你可以名垂青史，并更加获得国君的信任，你选择哪个？"

可以说老师通过自己的提问，把学生一步步引向自己的观点，最终水到渠成地得出自己的结论，学生很少有什么发挥的余地。另外，有两个地方更值得注意：一个是，当老师问"如果你是晏子，会接受赏赐吗？会的举手"，这时多数学生举了手。当老师说"这么多啊，那不会接受的举手"，只有一个学生举手。老师也分别请两类人说了理由，但主张接受的，只有一个学生说是因为"钱"，老师给予肯定之后并没有给其他人陈说理由的机会，而是顺着自己的思路引导下去。另一个是课的末尾，老师给出两种假设，让学生选择。两种情况都有人选，所谓"意见有分歧"，但老师依然没有给学生任何表达的机会，而是迫不及待地说出自己的看法，并巧妙地通过两个简单的问题，很自然地得出"自己"的结论。

因此，夏老师这堂课虽然在形式上做了一些探索和尝试，课堂上也热热闹闹，但其实质仍然是灌输，学生的思维能力、审美能力、探究能力等并没有得到很好的锻炼和培养，文本的价值没有得到真正的显示，因此，本堂课可以说是失败的。

下面说文言文教学。

文言文教学到底怎样进行？相关的理论和经验不可胜数，门户也很多。教无定法， 条条大路通罗马，我在这里不想也无权评价别人的对与错，我只想说说个人的两点看法。

其一，文言文教什么？这是个根本问题，此问题不解决，探讨其他问题都毫无价值。但偏偏这个问题，过去人们不清楚，什么工具论，什么人文论，莫衷一是，各执一词，现在许多人依然糊涂，其原因是不明白文言文学习的本质。文言文是本民族几千年文化的重要载体，教材节选的课文可以说浓缩了我们民族古代思想、艺术的精华，学习的目的当然是吸收和传承。但是，在现实中，人们因为不明白这个道理，造成的后果是严重的。学习文言文，在培养人、塑造人及传承民族文化上具有重大作用。但就现实的教学而言，片面强调工具性，重视"言"的价值，眼睛只盯着高考的现象是普遍的。上面说到"言"和"文"的问题:"言",是语言,确切地说是文言文的字词句;"文",即文章的思想内容和人文价值。毋庸置疑,"文"是主要的,无论是教还是学都必须从"文"的角度考虑,教学的目的是继承其中有价值的东西,从而让学生"提高道德修养、审美情趣、思维品质和文化品位,发展健康个性,形成健全人格"(课程标准之课文说明)。但文言文不同于白话文,它有着与白话不同的特点。"言"是"文"的载体,不了解"言"便无从理解"文",所以"言"是不能不学的。但问题是,许多人把这个东西理解偏了,唯"言"至上。其实很明显,"言"的学习是为了理解"文",因为"言"本身没有什么价值,是鲁迅说的烟枪和烟灯,只有送博物馆的份儿。

其二,文言文怎么教。这个问题专家学者们的论述甚详,各种教法似乎都有它存在的合理性。什么串讲法、诵读法、分析法、训练法等,曾经都红极一时。但是,根据我多年的教学经验,这法那法,无论怎样创新,其中有一点都必须坚持,那就是诵读。没有诵读就不能体会文章语言的精练、音节的铿锵;没有诵读就不能体会人物的思想情感,就感受不到人物的音容笑貌、气质风采;没有诵读,就难以感受到作者运思的巧妙;没有诵读,就难以进行语感的积淀。叶圣陶说:"你要了解它,享受它,必须面对它本身,涵泳得深,体味得切,才有得益。"可见,诵读、涵泳对于文言文学习的重要性。夏老师这节课没有诵读应算是一大缺憾。

朱熹说："学者观书，务须读得字字响亮，不可误读一字，不可少读一字，不可多读一字，不可倒读一字，不可牵强暗记，只要多读数遍，自然上口，久远不忘。"又可见，读也不是随便乱读的，必须心事沉潜、集中精力、用心品味才行。也就是说读需要教师的积极引导，否则，读的效果会大打折扣。也许有人疑问，读有什么用呢？逐字逐句翻译成白话文，不就什么问题都解决了。其实，不说有些词句不能完全翻译，就是全部翻译过来了，其意味和意蕴也有了很大的改变，就像汉语翻译成英文，其意味可能相差十万八千里一样。所以，教师引导学生立足于整体，认真地读，反复地读，才能深刻领悟文章的意蕴，进而体会文章的精妙，积淀语感，提高阅读能力。夏老师的课忽略了引领性的诵读，我觉得，更是个很大的缺憾。

《庐山谣寄卢侍御虚舟》鉴赏课堂实录

整理 / 张蕊

第一堂

课始，男生戴睿分享塞缪尔·厄尔曼的作品《青春》，伴以披头士的乐曲 *Hey Jude*。

夏昆（下简称：夏）：在语文的学习中，我们会发觉，有很多人，好像他们七八十岁了还很年轻，在他们二三十岁时，还很冷静，纵观他们的一生会发现，他们始终是一个斗士，一直在奋斗。在这个过程中，他们可能会摔跟头，但即便是摔了跟头，他们仍然会爬起来，继续奋斗。这让我想起了"青春"，以及今天我们要讲的一个人：李白。请大家翻开书，一起把这首诗读一下。

学生齐读：

我本楚狂人，凤歌笑孔丘。手持绿玉杖，朝别黄鹤楼。五岳寻仙不辞远，一生好入名山游。庐山秀出南斗傍，屏风九叠云锦张，影落明湖青黛光。金阙前开二峰长，银河倒挂三石梁。香炉瀑布遥相望，回崖沓嶂凌苍苍。翠影红霞映朝日，鸟飞不到吴天长。登高壮观天地间，大江茫茫去不还。黄云万里动风色，白波九道流雪山。好为庐山谣，兴因庐山发。闲窥石镜清我心，谢公行处苍苔没。早服还丹无世情，琴心三叠道初成。遥见仙人彩云里，手把芙蓉朝玉京。先期汗漫九垓上，愿接卢敖游太清。

夏：大家还不是很熟悉，有一些字词，我们一起来看一下。

夏：解决字词后，我们再来读一遍，这一次，有一个问题，这首诗里面有一个关键词，你认为是什么？带着这个问题，我们再来读一遍。

学生齐读第二遍

夏：又有一个字出了问题。"手把芙蓉朝玉京"，是"zhao"还是"chao"啊？"zhao"是什么意思？

生：早上。

夏：对，早上玉京啊？所以应该是"chao"，朝拜。"序八州而朝同列"，我们在《过秦论》中学过。

夏：这首诗在李白的诗歌里不算特别有名，我们经常听到他的《蜀道难》《将进酒》，这首诗就刚刚读了两遍。那么你们觉得在这首诗里，它的关键词是哪一个？

生：狂。

夏：狂！为什么？

夏：我本楚狂人，凤歌笑孔丘。李白在第一句里就说自己是"狂人"。回忆一下，我们所知道的李白，他狂不狂？举个例子。

生：狂。"仰天大笑出门去，我辈岂是蓬蒿人。"

夏：还有"安能摧眉折腰事权贵？使我不得开心颜"，即使是郁闷到极点的时候，他还在悲叹"欲渡黄河冰塞川，将登太行雪满山。闲来垂钓碧溪上，忽复乘舟梦日边"。下面还有"长风破浪会有时，直挂云帆济沧海。"

有一年的假期，我与几个小孩讲到李白，就谈到他那首《将进酒》。

生："五花马，千金裘，呼儿将出换美酒，与尔同销万古愁。"

夏：你想一下，如果有人邀你一起喝酒，你说没钱，那个人就让你把你们家房子卖了、车卖了，儿子、女儿一起卖了，给我换酒喝。那是一种什么感觉？这个感觉可能不是太好。

所以说，在诗歌史上，李白一直是一个很狂的人。"狂"，是什么意思啊？

生：嚣张、放荡、无视、张扬……

夏：还有没有？

生：屌丝。（全班笑）

夏：我觉得屌丝不能叫作狂，如果屌丝觉得自己是个高帅富，那才叫狂。还有没有？

生：随心所欲。

夏：好。这样，我这里有一个以前的资料，是对狂的介绍。

夏：狂，在字典里有这么几个解释，第一个就是"疯狂"。实际上，"狂"是从"犬"变来的，"王"是其声旁，"犬"是形旁，其实指的就是一种病。（全班笑）什么病？

生：狂犬病。

夏：疯狗，就是狂。那么第二个意思呢，就是指自然界的失常状态，它实际上是由前面一个意思引申过来的。比如：狂风、狂雷等。第三个：狂妄，没大没小，做出一些有失本分的事情来。第四个很有意思，正常人在理智支配下的高级精神状态。（全班哗然）你们觉得这还叫狂吗？

生：不叫，这是境界。

夏：这是一个很有趣的现象。在字典的解释中，"狂"也指一种高级的精神状态，是一种智慧，也是一种很高的智商。那么，我们来看一下"狂"到底是什么意思。

夏：孔子曾经说过一句话："不得中行而与之，必也狂狷乎？狂者进取，狷者有所不为也。"这句话什么意思？中行，就是孔子所说的中庸之道，如果找不到这些践行中庸之道的人交朋友，我还不如找那些狂狷的人。狂者，是什么人？狂者进取，狂者是不断进取的人。这跟刚才戴睿同学所说的"青春"是一个道理，哪怕是八十岁了，也仍然对这个世界充满了幻想、好奇。而狷者有所不为呢，则是指"狷"这种人，对人们普遍具有的某些价值观念，会表现出不同的见解。

所以，我们发现，似乎孔子也很赞赏"狂"这种态度。而晋代的何晏引包咸的话说："狂者进取于善道。""狂人"实际上是不断地向着"善"这个方向进取、发展的。宋代朱熹则说："狂者，志极高而行不掩。狷者，知未及而守有余。"中国人，向来主张韬光养晦，有什么事儿不能锋芒毕露，要低调低调再低调，但朱熹就认为，狂人的志向很高，而且不屑于向谁掩饰，不会装。而现代学者杨伯峻先生则说了，孔子所谓的"狂简、斐然成章"是指"志向高大得很，文采又都斐然可观"。所以，要当一个"狂人"是非常不容易的，首先，他志向要很高，然后，要有很高的才能，要很有文采。

190

所以我们会发觉，李白一开始说的"我本楚狂人"中的"狂"，就跟我们所说的"狂"不一样了。事实上，唐代是一个比较开放、自由的时代，所以才有可能出现那么多的狂人。你们知道唐代还有哪些狂人吗？杜甫是不是狂人？

生：不是。

夏：怎么不是呢？你想一想，杜甫家里穷成那个样子，"床头屋漏无干处，雨脚如麻未断绝。自经丧乱少睡眠，长夜沾湿何由彻"，结果他下一句来个什么？

生："安得广厦千万间，大庇天下寒士俱欢颜。"

夏：自己都穷成那个样子了，还想着拯救世界。如果换个语言环境看，这个人是不是疯子啊？是不是个狂人啊？而且他自己也说自己是狂人啊。"自笑狂夫老更狂"，越老越狂。其他人呢？

夏：陆游，狂不狂？他临死的时候，还想着要收复中原。辛弃疾，大呼"杀敌"而死。还有很多很多，比如之前讲过的苏东坡，被贬惠州、黄州，自己老的时候说"问汝平生功业，黄州惠州儋州。"自己一生最大的成就，就是被贬了三次。他狂不狂啊？

唐朝，包括宋朝，都是一个狂人辈出的年代。我们回到"狂"的本意上来看，什么是狂？

生：目中无人。

夏：比如，现在你们谁站出来说："夏昆，你怎么怎么样！"

可能有人就会觉得他很狂。但假如说，一个学生站起来说另一个学生怎么怎么样，大家就不会觉得很狂，这是为什么？在这个教室里面，我跟另一个学生的区别在哪？

生：老师和学生。

夏：所以，"狂"它其实有一个意思，它是发生在不同辈分，不同身份的人之间。要看谁批评谁？"下"批评"上"，才叫作"狂"。这种例子很多。

我们刚说了杜甫，杜甫晚年的时候，严武接济他在草堂住，他在喝醉的时候瞪视严武说"严挺之乃有此儿"，严挺之是严武他爹，在古代，直呼别人爹的名字，那是极其不礼貌的，完全可以杀你的头的。

夏：好，回到这首诗上，李白对谁狂？

生：孔夫子。

夏：对。孔夫子有这么一个故事。孔子到楚国去的时候，楚国有个狂人叫"接舆"，也有说法说这个人没有名字，"接舆"是指靠近其车子的意思，这个我们暂不去考证。这个人啊，是个著名的疯子，他就到孔子的车前唱歌，"凤兮凤兮！何德之衰？往者不可谏，来者犹可追。已而！已而！今之从政者殆而！"我们从注释里可以看出，他其实是对孔子进行讽刺和龟鉴。言下之意就是说，政治不是拿给你玩的，当心玩着玩着把自己也玩完。

但这里李白就把自己比作"楚狂人""凤歌笑孔丘",为什么称其"狂"人?结合注释看一下,这个地方"孔子"代表的是什么?

生:政治。

夏:至圣先师,万世师表,我们都知道儒学是中国文化最重要的支撑部分,从某种角度来讲,它也象征了统治与皇权。李白所笑的,实际上就是政治、政权,或者说,笑的是权力。换言之,他敢在阶级社会蔑视皇权。我们再来读第三遍,思考这个问题,当我们对一个东西持反对意见时,势必会在心中有一个与之相反的东西,来支撑你的反对,没有无缘无故的反对。我们来思考,什么东西在支撑他的反对?李白笑权力,那么他喜欢的又是什么?读第三遍。

全班齐读第三遍。

夏:有没有同学想到,李白不喜欢当官,他喜欢什么?

生:一生好入名山游。

夏:他喜欢旅游、隐居、喝酒。在后面漫长的篇幅里面,他讲了很多,很多名词,我们不理解的名词,但结合注释看,诸如"还丹""九垓",这些实际上是与"道家"相关的词汇。在政治与自己的爱好,以及与宗教之间,我们可以发现,不同的人他的取向是不同的。当有些人可以反对大多数人都崇尚的价值判断的时候,往往是因为在他的心里面有一个更永恒的价值判断。这个判断,可能是多方面的,我们没必要去判断它是对是错,我希望大家明白一点

193

就是，这个世界，实际上有很多种说法，没有谁可以说，我能够确定地说出这个世界确定的、唯一的价值观。我想，这个是我们在下节课需要解决的问题。好，下课！

第二堂

课始，一名女生课前分享汉乐府诗《上邪》，讲女子勇敢追求爱情。

夏：我们一般认为，人除了物质、财产以外，最重要的，可能还有什么东西？

生：装备。（全班笑）

夏：还有没？

生：权力，自由，活着……

夏：但我们会发觉，为爱情放弃权力的人，有没有？

生：少。

夏：比如说？

生：……

夏：有人知道爱德华八世吗？有人知道辛普森夫人吗？爱江山不爱美人，英国国王，本来他已继位，但他要娶一个美国寡妇，王室对此表示反对，结果他的选择是：他不要王位，跟美国寡妇辛普森夫人跑了。

夏：放弃自由的呢？

生：结婚。

夏：说得太对了，你能有我这种体会说明你太智慧了。别说结婚了，其实谈恋爱都是失去自由，是不是？（全班笑）你的手机、QQ 都要接受另一个人的检查。

夏：为爱情失去生命的，有没有？

生：罗密欧与朱丽叶。

夏：刘兰芝与焦仲卿，梁山伯与祝英台。这些有很多。

回到我们上节课的问题，其实正好是这个问题。社会主流价值判断，实际上都是以这几个（标准）来判断的。我们会发觉，在历史上有些人视这些为粪土，这是为什么？以前我们讲到陶渊明，说他厌恶官场之黑暗。实际上，陶渊明的隐居可能有他自己的原因，这里不展开讲。我以前有文章曾经提到过。

这里我想说的是，一个人他敢于去反抗一个约定俗成，或者说整个社会共同尊奉的社会价值时，只可能有一个原因，就是他的心里有一个更强大的社会理念在支持他。如《上邪》中这名勇敢的女孩子，为了自己的爱情，不要说官位了，哪怕是地球毁灭，又有什么关系，现世的荣华富贵就更不值一提了。

那我们回到上节课说到的李白。

（课桌上的书倒了，发出巨响）

夏：一说起李白，就崩溃了。（全班笑）

我们说，他一开始就说"我本楚狂人，凤歌笑孔丘"，这里的"孔丘"实际上是政治的代言人，换言之，就是权力的代表。而李白在这首诗里面，一开始就鲜明地提出了自己的观点，仅仅是因为他"嚣张"吗？或者说他的嚣张从何而来？

我们上节课留下了一个问题，李白为什么敢这么做？

汉乐府《上邪》中的这个女孩子是为爱情，李白是为了什么呢？显然李白不是为了爱情，现在我们把文本再读一遍。

全部齐读第四遍。

夏：比昨天熟悉了很多。好，我们来看第一句。我们说这一句是他对权力价值体系的完全打破，但我们又提到一个问题，就是，他为什么能打破这个？

诗的后半部分，很大的篇幅是在写风景，也就是自然。

那么，我们知道功名利禄，很大程度都是人为设置的诱惑。与之能够相抗衡的，其中一个就是"自然"。大家有没有过这样的感觉，当你独自面对一个自然景色时，如高山、大海、清泉，好像你胸中的尘埃就被荡涤干净了，心中的烦恼暂时就忘记了。

所以，我们看到中国古代很多写自然的诗，其实，这都是在写哪一种人的生活？

生：隐士。

夏：对。实际上，隐士就是作为现实生活诱惑的对立者出现的。不管是王维也好，贾岛也好，其实都是作为现实功名的对立者出现的。所以说，王维"明月松间照，清泉石上流。竹喧归浣女，莲动下渔舟。随意春芳歇，王孙自可留。"留，可以；不留，也行！但是呢，我是不想回到纷繁复杂的世界里去了。小时候，大家都学过贾岛的那首诗，松下问童子……

生：言师采药去。只在此山中，云深不知处。

夏：这实际上也是作为一种隐士的形象而出现的。所以，在中国古代文化中，我们可以发现，读书人用来对抗功利的东西，第一便是自然。其实，也就是一种隐逸、隐士生活。这个若是往下说会很深，因为中国知识分子向来有一种自然主义的观点，中国人认为自然其实是最伟大的，与之相比，任何人为的东西都要低一级。所以说，当他们在现实生活中遭遇挫折时，他们往往会把身心放到自然里去，以获得灵魂的安静与平衡。所以说，柳宗元在被贬到湖南永州时作了我们很熟悉的那首诗："千山鸟飞绝，万径人踪灭。孤舟蓑笠翁，独钓寒江雪。"

不仅没有人，连鸟都没有了，可见作者对功利的弃绝已经达到这种程度了。类似的例子，还可以举出很多很多。

所以，我们可以看到不管隐逸于何处，中国古人总是在仕途失意的时候转向自然，以作为对自己的依托，除了个别人以外。以前我们谈过一个人,他不是去找自然,而是去找美女去了。还记得是谁吗?

生:柳永。

夏:当然柳永是一个很特别的例子。

夏:我们继续再来看这首诗,李白游山玩水,这里写了很多很美的景物,但我们还有一个问题,他游山玩水是仅仅为了游山玩水吗?

生:不是。

夏:那是为了什么?

生:寻仙。

夏:哪可以看得出来?

生:手把芙蓉朝玉京。先期汗漫九垓上,愿接卢敖游太清。

夏:这些都是我们不懂的词语,如果不结合注释,我也不懂。比如这个"琴心三叠",我还以为是三面琴呢,实际上它是一个修道的术语。他,对抗现实的工具是自然,而自然实际上也还是一个工具,它真正的工具是什么?道,学道,如果再说高一点,我们可以认为是宗教,或者说一种信仰。

那么李白呢,他是一个道士。事实上,他从长安出来,两年后,他就入了道士籍,写这首诗时,他已经正式成为一个道士了。当然也有典籍称李白在炼丹修道上有很高深的造诣。我们现在说炼丹修道，都觉得是迷信、骗术等，但是我们必须明白一点，我们是站在什么角度上去批评宗教的？

生：科学。

夏：什么叫科学？

生：事实。

生：真理。

生：科学就是科学。

夏：我们学科学了没有？

生：数理化。

夏：我们注意一点。刚刚我们有同学说，科学就是事实，数理化是不是事实？数理化是事实还是理论？

生：理论。

夏：很显然，数理化是理论，不是事实。刚又有同学说科学就是真理，那数理化是不是真理？

生：化学是。

夏：化学是？因为化学老师是班主任？（全班笑）

生：那些物质都是存在的。

夏：都是存在的，所以就是真理吗？

生：……

夏：请注意，任何一个学科，它是否能够代表一种真理的存在？

很显然，不是。任何一个学科都在发展中，且都在不断地出错。

我曾经和一个朋友讨论过"科学"这个词。我其实不太愿意用"science"这个词，如果照我的观点来看，我更愿意用"subject"这个词，知道吗？

生：学科。

夏：对，学科。就是说，你可以说化学认为是怎样，生物认为是怎样，但你不能说科学认为是怎样。这样说的话，就意味着，除了科学，其他的都是一种谬误，这是有排他性的。但我们必须要承认，科学其实也是众多学科中的一种。那么因此，我们回过头来，这牵扯到更多的不再是一个学科划分的问题，而是人的生命建构的问题。我们学习知识文化、技术文化，这些都很重要，在此基础上，我们还要学习的就是价值判断。

我们来想一下，我们以中间任何一个作为价值判断，如权力，我会成为一个什么样的人？

生：权力崇拜者。

夏：以物质呢？

生：拜金主义者。

夏：我以自由作为价值判断呢？照刚那位同学所说，我可能就不会结婚了，恋爱可能都不想谈。以爱情作为价值判断呢？自然呢？宗教呢？

生：狂信徒。

夏：信徒一定是狂的吗？或许我成为和尚，道士呢？

那么，再问一个问题，在这些所有的价值判断中，哪一个最高，哪一个最低？是不是认为热爱爱情就要比热爱权力的要高一些？

生：不一定。

夏：那么，隐士就一定比物质崇拜者要高？可能也不一定。

夏：思考这些问题后，我们就能发现，人生中你可能有很多支柱，换言之，一个人有可能有很多种活法，这些活法在人的一辈子中，可能会被选择几种。比如，一开始你就是读书、学习、生活，然后到了一定时候，你就需要恋爱、结婚、生孩子，你会认为对方就是世界上最好的人，但有了孩子后，又转变了，小家伙成了最重要的。等过一段时间，你或许会觉得工作没有什么了不起的，你会觉得带孩子最重要，但后来你又发现带孩子不是最重要的，其实心里的宁静最重要。因此，你走入宗教。但后来你又或许会发现，其实宗教也不是最重要的，生命才最重要。于是乎，你天天一大早就跑去桂湖公园，去舞剑、打太极，等等。

所以说，一个人可能会有很多种活法，有很多价值判断。一般来说，社会会有一个主流的价值判断，大多数人，或明或暗都会信任这个价值判断，那么，你要以这个判断来做一个非主流的事情的话，你就必须在自己的内心中，持一个更高的价值判断来支撑你。

比如说，有一个同学要在课堂上说话，那么他心里一定认为，这句话的价值已经超过了课堂纪律的重要性，我一定要把这句话给前排正在说话的女生说一下。其实，这就是她现在做出的人生选择，这就是一个价值判断。

　　夏：好，回过头来看李白。在这首诗里面，支撑他去对抗权力、物质的，就是他的自然与信仰，并不是他对唐王朝有多刻骨的仇恨，更不是因为他这个人想要哗众取宠。而是因为，每一个人都在特定的时期，有选择地去走属于自己的道路，完成属于自己的生命建构。

　　那么现在，我们把这首诗再来读一遍。

　　全班朗读第五遍。

《窦娥冤》课堂实录

执教：夏昆

班级：新都一中高二 11 班

师：在前面大家已经学习了《窦娥冤》这一课，相信大家对文本已经很熟悉了。不过今天这节课，我想和大家一起探讨这个文本背后隐含的一些东西，或者说，与大家一起分享一些想法。在上课之前，我请大家再把《窦娥冤》第三折一个很有名的曲子《滚绣球》一起再朗读一下。

（学生集体朗读《滚绣球》）

师：读得真好！这段唱词也被公认为是反

映窦娥对天地的愤怒的唱词。我想问大家一个问题：窦娥指天斥地是否意味着她否认天地的存在？

生：不是。

师：为什么？

生：她只是认为天地没有尽到责任，是糊涂了，但是她并不认为天地不存在。

师：很好。的确，窦娥指斥天地恰恰证明她相信天地的存在，或者说也相信神灵的存在，只不过她认为神灵没有能主持正义与公道，至少在她自己这件事上，天地神灵都失职了。

那么，在整个第三折中最能体现窦娥反抗精神的是什么呢？

生：三桩誓愿。

师：对，这几乎也是大家公认的。从血溅白练到六月飞雪一直到亢旱三年，一桩比一桩规模大，一桩比一桩范围广，也体现了窦娥不屈的反抗精神。不过大家是否从语文的角度想过，誓愿是什么意思呢？

（学生开始查字典）

生：誓愿意思是表示决心时许下的心愿。

师：哦，那么心愿又是什么意思呢？

（学生查字典）

生：心愿就是内心的愿望。

师：我们不妨打破砂锅问到底，学语文就要有这种精神，愿望又是什么意思？

生：希望将来能达到某种目的的想法。

师：哦，原来是这个意思。那么我们来看看窦娥的誓愿跟我们经常说的愿望或者心愿是不是一样的呢？其实誓愿这个词在佛经中很常见。佛教传说中有个地藏菩萨大家知道吗？

生：我知道。地藏菩萨怜悯地狱很多罪人的灵魂在受苦，于是发下誓愿，说："我不入地狱，谁入地狱。"于是他就一直在地狱里普度众生。

师：非常好！请大家为她鼓掌！佛经传说地藏菩萨佛学深湛，早已有成佛的资格，但是为了拯救地狱的罪人，他发誓愿说："地狱不空，誓不成佛。"于是他就一直在地狱里拯救受苦受难的人们。他伟大的牺牲精神也被世人传颂。我现在想问问：地藏菩萨的誓愿与窦娥的誓愿有什么不同？

生：地藏菩萨的誓愿是好的，而窦娥的第三个誓愿是坏的。

师：刚才我们解释了誓愿、心愿和愿望的意思，可以看出来，其实这几个似乎都包含着某种美好的意义在里面。就是现在，我们有时候也经常许下自己的愿望，也就是许愿。大家有没有想到这样的情况：夜空中流星飞过，闭上眼睛许个愿，别人问你许的什么愿，你说希望成都大旱三年？

生大笑：没有，不会吧。

师：其实我们对那种希望降下某种灾祸的愿望有一个专门的词——

生：诅咒。

师：是的。诅咒是祈祷鬼神加害于所恨的人。你们看这里窦娥的第三个愿望更像是誓愿还是诅咒？

生：像是诅咒。

师：如果照这样说的话，那么窦娥的三桩誓愿表现了她反抗精神的观点也许我们得重新思考一下了。不过说起反抗，我又想问：反抗是什么意思？（学生查字典）

生：用行动抵抗。

师：对，这是字典的说法，不过这个说法其实隐含了一个条件，就是当有人伤害你的时候，你应该向谁反抗？

生：伤害你的人。

师：的确是这样。如果你反抗的对象根本不是伤害你的人，那还叫反抗吗？

我这里举个纯属虚构的例子：

我昨天把老婆、孩子都狠狠打了一顿。为什么呢？因为校长欺负我，他不给我涨工资，于是激发了我强烈的反抗精神，你们觉得我是不是很帅啊？

生（笑）：不帅！

师：我这难道不是反抗吗？

生：不是，那是发泄。

师：对，因为我抵抗的对象根本不是对我施加侵害的人，我只是在发泄罢了。那么窦娥第三桩誓愿的对象是施暴者吗？

生：不是，是普通百姓，大旱三年最遭罪的是老百姓，会死很多人。

师：对，从本质上来说，窦娥的这个誓愿与我刚才说因为被校长欺负就去欺负老婆、孩子其实是没有区别的。

生活在现在这个富足安定的社会，我们很难理解大旱三年是个什么概念。1942 年，河南发生大旱灾，加上当时日军的入侵，人民遭受了深重灾难，有许多人被饿死，或是无家可归。这里有一些当时表现饥民惨象的照片。

（PPT 展示资料照片）

师：冯小刚根据这一事件拍摄了电影《1942》，下面我们来看看这部电影里的一些镜头。

（播放视频）

播放结束。

师：看了这些，我想我们每个人的心情都很沉重。我们发现真正的旱灾竟然会带来这么深重的灾难，我们明白，窦娥不可能不明白，关汉卿也不可能不明白。如果窦娥的第三桩誓愿可以看作是诅咒的话，这样的诅咒真是太可怕了。不过我们的教参说窦娥的三桩誓愿其实是文学浪漫主义夸张的写法，大家对这种说法怎么看？

学生讨论。

生：我们觉得即使是夸张也不应该这样夸张，太可怕了。

生：我觉得这也不是浪漫主义，因为不美好。

师：你觉得浪漫主义应该是美好的是吗？

生：是的，比如《孔雀东南飞》里男女主人公死后化作鸳鸯，我觉得那才是浪漫主义。

师：哦，这位同学认为窦娥的誓愿根本不能算浪漫主义，其实是诅咒。

大家都提出了自己的看法，我也想说说我个人的看法，与大家交流一下。下面这段文字选自我2006年写的一篇文章。（课件展示文章片段）

从这个文本中，我看到的是一种以暴易暴的方式，而且，自己遭遇的不公仿佛给了报复更充分的理由，让受害者转眼间就变成害人者，而且伤害的程度更深，范围更广，手段更残忍。

师：就在我写下这篇文章几年之后，发生了一连串的事情，这些事情马上让我联想到我们对窦娥所谓反抗的解读，我觉得，这些事件背后隐藏的民族心理其实是从窦娥甚至从更早的东海孝妇的事情中就一直存在。

（课件展示）

师：大家也许可以看到，这些将魔爪伸向孩子的罪犯，他们的心理与窦娥多么相似！他们都认为自己受到了不公正的待遇，但是他们不是向施暴者反抗，而是将伤害对象定为比自己更弱势的幼儿！这种悲剧发生的频率之高，情节之相似令人吃惊。这表明这种心理不是某个人独有的，而是一种长久以来就存在的民族习惯思维，这样的思维，让人不寒而栗。这样的屠童案，直到今天还在发生，怎么能不引起人们的警觉呢？当我们为窦娥的所谓反抗而叫好的时候，我们看看这些现实版的"窦娥"，又有谁还能喊出那个"好"字？

学生沉默。

师：现在我还想问一个问题：窦娥是不是坏人？

大部分学生回答不是。

师：她这样报复社会，几乎可以说是反人类了，为什么还说她不是坏人呢？

生：她本来也是很善良的，可是被逼到那个地步，她也管不了那么多了。

师：那么我们做一个假设，如果你也被逼到那个地步，你是否也会像窦娥一样发下这么恶毒的诅咒？觉得自己会的同学请举手。

少部分学生举手。片刻后，教师也举起了自己的手。

师：我觉得如果我被逼到那个地步，也许我也会这样做，死也抓几个垫背的，根本无暇去顾及那些人是否应该对我的遭遇负责了。所以，我想我们并不是要站在道德制高点上去指责窦娥或者关汉卿，而是应该更多地去理解窦娥，更重要的是，我们在平时的生活中就应该怀有对弱者的悲悯，可能的情况下，给他们一些帮助，最起码，我们不能跟着去欺凌他们、伤害他们，不能去制造更多的窦娥。我想，如果我们能做到这样，这个社会也必将更和谐、更美好。

我想起了另一件事。（展示课件）

2007 年 4 月 16 日 7 点 15 分（北京时间 19 点 15 分），美国弗吉尼亚理工大学发生恶性校园枪击案，枪击造成 33 人死亡，枪手本人开枪自尽，是美国历史上死亡人数最多的校园枪击案。

21 日，纪念遇难者的 33 个一半足球大小的花岗岩悼念碑按照椭圆形被安放在弗吉尼亚理工大学中央广场上。其中还包括凶手赵承熙的悼念碑。这是因为，他虽然犯下残忍的罪行，但学校和社会却没能对精神有问题的他提供适当的治疗和心理咨询，对此感到遗憾，同时也是为了安慰失去他的家人。

在赵承熙的悼念碑上，和其他悼念碑一样，在剪成"VT(弗吉尼亚理工大学的缩写)"模样的橘黄色彩纸上写着"2007 年 4 月 16 日赵承熙"。旁边放着玫瑰、百合、康乃馨等鲜花和紫色蜡烛。在这些鲜花中放着一张便笺，上面写着："希望你知道我并没有太生你的气，不憎恨你。你没有得到任何帮助和安慰，对此我感到非常心痛。所有的爱都包含在这里。劳拉。"

3年级学生雷切尔说："他虽然很可恶，但他的家人真是可怜。"该校毕业生比尔 - 贝内特苦涩地说："他也是一个人。"

弗吉尼亚理工大学生在前一天20日中午举行的遇难者悼念仪式上，敲响了33声丧钟，其中包括32名遇难者和凶手赵承熙。放飞到空中的气球也是33个。一直看到这些气球消失后，学生们互相抱在一起放声大哭。研究生克里斯 - 车巴克说："他也是我们学校的学生，一共有33名学生死亡。我们应该公平地为所有人的死亡哀悼。"

师：看到这个场景，我想起了冯小刚导演的《1942》里的一段情节，我们一起来看一下。（播放《1942》结尾处逃荒的男主角救助家人全被饿死的小女孩的一段视频）

师：我不知道如果我处在山穷水尽的地步时会成为窦娥还是电影里的老东家，但是我至少知道，同样都是受难者，老东家身上表现出的才是真正的人性神圣的光辉，即使我不能做到这样，我也愿意去崇敬他、景仰他。

在今天的课结束之前，我想跟大家分享我很喜欢的一首诗，我相信我们都能从中有所感悟，下面我们一起朗读这首诗，它其实是一位叫约翰·多恩的牧师的祷告词：（集体朗读）

没有人是自成一体、与世隔绝的孤岛，

每一个人都是广袤大陆的一部分。

如果海浪冲掉了一块岩石，欧洲就减少。

如同一个海岬失掉一角，

如同你的朋友或者你自己的领地失掉一块。

每个人的死亡都是我的哀伤，

因为我是人类的一员。

所以，不要问丧钟为谁而鸣，

它就为你而鸣！

约翰·多恩 John Donne（约 1572—1631）

师：今天的课就到这里，谢谢大家，下课！